岩波文庫

38-110-4

国語学史

時枝誠記著

岩波書店

凡例

一、本書は、一九四〇年(昭和十五)十二月に刊行された『国語学史』(岩波書店)を収録する。底本には、一九六六年五月刊行の改版第十四刷を用いた。

一、収録にあたり、以下の整理を行う。

・旧字は新字に、歴史的仮名遣は現代仮名遣に改める。ただし、原文が文語文である場合には、歴史的仮名遣のままとする。

・改行や読点を増やし通読の便に供する。

・難読語には適宜、振り仮名を付す。

・副詞、接続詞などの漢字表記を一部、平仮名に改める。

(例、屢々→しばしば、僅か→わずか、寧ろ→むしろ、乃至→ないし)

・複合動詞などには送り仮名を補う。(例、繰返す→繰り返す)

・書名には『 』を、引用句などには「 」を補う。

一、人名、年号などの最小限の補足を〔 〕で行う。

目　次

国語学史

はしがき

私が東京帝国大学の国文科に在学して居ったのは、大正十一年〔一九二二〕から同十四年までである。講義を拝聴した故上田万年《うえだかずとし》先生および当時国語研究室に居られた橋本進吉先生の御指導、御誘掖《ごゆうえき》によって、私は始めて国語を学問的に研究する端緒を授けられ、また国語を研究することの喜悦を与えられた。時代はまさに欧洲大戦後における国民的自覚の運動が、この日本にも押し寄せて、国語学国文学再興の胎動が、顕《あら》わに感ぜられる時であった。わけても帝都を中心とした大正十二年九月の大震火災は、幾多の学問的宝庫を烏有《うゆう》に帰したのであるが、復興の声に立ち上がったものは、ただに都市改正の計画や、高層建築の設計のみではなかった。『校本万葉集』が焼け残りの校正刷から刊行されるという話、古典保存会が貴重古典籍の影印にさらに全力を尽すであろうという話、『国語と国文学』が最初の斯学の専門雑誌として生まれるという話は、当時学生であった我々に大きな刺戟《しげき》を与えずにはおかなかった。

荒涼たる都市、物情騒然たる空気の中で、明日の学問の復興のために、静かに書物と対峙したことは悲壮でもあり、また大きな感激でもあった。物みな蘇るという気運の中で、私もまた一切の末梢的《まっしょう》な研究を捨てて、学問上の根本問題を思索するように駆り立てられた。それは国語研究の根本に横たわる「言語の本質は何か」の問題であった。私は、この問題を解決するために、まず我々の先覚者たちが、国語を通して言語をいかなるものと考えたかを知らなければならない。そこにこそ我々が言語を、また国語をいかなるものと考えるべきかの足場があるに違いないと考えた。かようにして、私はささやかな業績「日本に於ける言語意識の発達及び言語研究の目的とその方法」を大学三ヶ年の卒業論文として学窓を出た。

その後、私は引き続き国語研究史を調査すると同時に、さらにこれを基礎にして、自己の国語研究の展開を企てようとした。国語学の新体系は、古い国語研究に現れた学説理論を克服、展開させるところに建設せられると信ずる私にとっては、過去の国語研究史を顧みることは、すなわち国語学の一の方法論の実践にほかならないのである。従って私はこの研究史を、日本思想史の一部として書くのでもなければ、また日本文化史の一部として書くのでもない。新しい国語学を培う無尽の泉として書こうとするのである。

現在、もっぱら国語学史を基礎にして国語学の展開に微力を尽そうとしている私にとっては、本書の内容は、私の国語研究の最初に提出された問題に対する解答であって、きわめて幼稚な旧業に属するものであるが、従来の国語学史の面目を改めたところも少なからずあると信ずると同時に、私の現在の研究の出発点を明らかにする上からも、これを世に問う必要を感じたのである。本書においては、国語学史上の諸問題の、将来の国語研究に示唆するところのものを明らかにするために、国語学史を基礎としたところの私の研究を、その都度示すことに努めた(巻末にそれらの論文目録を掲載して、彼此対照するための便宜とした)。

今、この旧業に筆を加えるに当っては、在学当時、私の質疑や卑見《ひけん》に対して、絶えず御指導と激励を賜わった橋本進吉先生の御厚情を偲ぶ情に堪えない。また本書が世に出るに至ったのは、かつて岩波講座『日本文学』に収められた拙著「国語学史」を機縁とするもので、岩波書店主の御厚意によるものである。

本書においては、国語学者の伝記、著書の解説などは一切省略し、もっぱら学説の歴史的位置と、その意義とを叙述することに努めた。国語学史の目的がそこにあると信じたからである。読者が、『日本文学大辞典』、『国語学書目解題』類、『国語学大系』の解説、『国語学辞典』などによって本書の欠漏《けつろう》を補われるならば幸いである。

昭和十五年四月

時枝誠記

はしがき（第十四刷改版）

昭和十五年（一九四〇）初版の本書の紙型が、磨滅して印刷に堪えなくなった。本来ならば、この機会に、その後の学界の進展を勘案して、全面的に手を加えるべきはずであるが、今のところ、私は、この旧業を改稿する余裕も能力も持たないままに、内容には手を触れることなく、若干の表記の体裁を改めるだけに止めて組版することとした。

本書の骨子が成立したのは、大正の末年であるから、かれこれ、四十年以上の歳月を経過したわけである。私が期待することは、誰か新進有能の士によって、本書が全面的に書き改められる日の来ることである。そのためにも、あえてこの旧業をそのままに印行することに意義があるのではないかと考えたのである。

組み替えに当って、附録の「現代国語学主要書目」を削除した。現代国語学については、国語学会編『国語学辞典』（昭和三十一年十月、訂正版）に附載してある「国語学関係参考文献（単行本）一覧」が、より完璧な書目を提供するであろう。また、本書の第五期

「明治初年より現代に至る」の歴史叙述は、拙著『現代の国語学』(昭和三十一年十二月、有精堂刊)によって、その欠漏を、幾分補い得るであろうと信ずる。

本書に附載してある「著者著述目録」には、この機会に、昭和十五年以降、現在に至る分を追補した。これは、『国語学史』を出発点とする、私の研究の展開を明らかにするためのものである。

昭和四十年六月

時枝誠記

第一部　序説

一　「国語」の名義

国語学あるいは国語学史などと用いられる場合の「国語」という名称が、いかなるものを意味するかを、最初に明らかにして置こうと思う。このことは、国語学自体の体系のためにも、また国語学に対する国語学史の意義を明らかにするためにも必要であると考えられるからである。

私は国語という名称を、日本語的性格を持った言語を意味するものと考えたい。換言すれば国語はすなわち日本語のことである。江戸時代の学者は国語という名称を用いることは稀であって、和語、あるいは単に言語、言、詞などと用いて居った。国語という名称が盛んに用いられるようになったのは明治以後であって、それは外国語に対立したものとしての自国の言語を意味するのである。同時にまた国語の名義は、国家の観念をその中に包含し、国語すなわち日本国家の言語という意味をも持たせたのである。国語研究ということが、独立国家の面目上、必要であるというように主張されていることによっても明らかである。このようにして国語の名称が生まれたことは、明治以後における日本の国家的統一の一つの反映であると見ることが出来ると思うのである。

もし国語の領域と、日本国家および日本民族の領域とが、まったく相一致している時代であるならば、国語はすなわち日本国家に行われる言語であり、日本民族の使用する言語であると定義しても何ら支障を来たすことがないのであるが、国語をそのように定義することは、どこまでも便宜的のものに過ぎないことは、今日の国家と民族および言語との関係を見れば明らかなことである。国語教育の内容としての国語について見ても、それは日本語全体を指すのではなく、日本国の公用語としての日本語、あるいは標準語としての、または標準的な言語として考えられていた日本語を意味するものであって、日本語の中の方言、または訛語《かご》、隠語のようなものまでをも含めているのでないことは明らかである。すなわち日本語の中で、特別の価値意識の対象になるもののみが、国語と称せられるのであって、この場合の国語の概念の中には、多分に国家の観念が含まれている。

しかしながら、ここに国語学の対象として考えようとするものは、必ずしも右のように限定された意味の国語ではない。右のように国語が、国家の公用語あるいは標準語の意味に限定されて用いられるのは、むしろ国語の名称の転義であって、このような転義をもって国語学あるいは国語学史にいうところの国語の名称を定義することは本末顚倒といわなければならないと思うのである。今日、国語学の対象とするところのものは、僻遠《へきえん》の地方に存する方言である場合もあり、国家の領土を越えた地方に行われる日本語である場合もあり、また日本民族ならざるものの使用する日本語である場合もある。この時、国語の名称は既に国家をも民族をも超越したものを意味することになり、国語はすなわち日本語的性格を持った言語の総称となるのである。

従来、しばしば国語を定義する場合に、国家の観念あるいは民族の観念をもって基礎づけようとした(『国語学通考』『国語学史要』)。そして、それがあたかも国語研究の正しい方向を示すものであるかのごとくいわれたことがあるが、それは誤りである。もちろん、上に述べたように、日本語のあるものに特殊の価値を附与して特にこれを国語と呼ぶ時はあるが、それは狭義の国語の意味であって、それはそれとして国語学の一領域で取り扱うべきものであって、国語学の取り扱う対象のすべてではない。山田《やまだ》孝雄《よしお》博士はその著『国語学史要』の中で、国語は日本国家の標準語であって、国家の統治上、公認して標準と立てている言語をいうというように定義して居られるのであるが(二頁)、この考え方は、狭義の国語と、国語学にいう国語との混同であるか、あるいは、転義をもって原義を説明しようとする誤解である。

国家が統治上、標準と認める国語は、日本語の全体ではなくして、その一部分である。従って、国内のアイヌ語が国家の標準的言語の外に置かれていると同様に、日本語の方言もまた標準的な言語とはいい難いのである。国語政策あるいは国語教育の対象は常にある選ばれた、価値的日本語である。これを狭義において国語と呼ぶことが出来る。山田博士の所説は、国語の歴史性あるいは社会性を強調しようとするところから生まれたものと推測されるのであるが、かくては真の標準語である狭義の国語と、他の方言のごときものとの価値的差異を明らかにすることが不可能となり、従って国語の歴史性、社会性をも明らかにすることが出来なくなるのである。

このように国語学にいうところの国語は、日本語と同義語と考えるべきで、これを日本語あるいは日本語学といわずに国語あるいは国語学と称するのは、日本国に生まれ日本語を話すところの我々の側からのみ、便宜上、そのように呼ぶに過ぎないのであって、厳密にいえば、やはり日本語あるいは日本語学と称し、国語の名称は別にこれを他の場合のために保留するのが適切であると思う。

国語の名義に関聯して一言附け加えて置きたいことは、国語の名称は、我々の側から自国語を称したものであるから、たとえ外国人の日本語研究であっても、その研究を我々の側からいうならば、やはり国語学の一部であるといって差し支えないことである。山田孝雄博士のように、日本国民が国語として日本語を研究した時にはじめて国語学という名目を附け得ると考えることには賛成し兼ねるのである（『国語学史要』五頁）。もし日本人の研究と、外国人のそれとの間に相違が生ずるとしても、それは学派の相違であって、一方が国語学であり、他方がそうでないとする根拠は出て来ないのである。要するに国語学は、研究者の如何《いかん》を問わず、また言語としての価値の如何を問わず、一切の日本語的性格を持つ言語を研究する学問であるということが出来る。

繰り返して注意して置きたいことは、日本語的性格を持つ一切の言語の研究ということは、決して日本語における言語的価値の差などをことごとく無視して、平等無差別のものとして取り扱うことを意味するのではないということである。研究対象としてはこれを平等に取り扱いつつ、しかも対象それ自身の持つ主体的価値を無視しないという態度は、従来の国語研究において忘れられた方法論上の一つの大きな欠陥であったのである（論文三二参照）。

国語が日本語的性格を持った言語の総称とするならば、国語学の対象は、口語・文語はもとより、各地の方言、特殊社会の通語、海外にて使用せられる日本語、さらに外国人によって使用せられる日本語などにまで及ぶのであるが、これに反して、たとえ日本国内にて使用せられるものであっても、朝鮮語、アイヌ語、台湾語のごときは国語学の対象として考えることは出来ない。それは大和民族の使用する言語でないからという理由でもなく、また国家が標準と認めないからという理由でもなく、それらは日本語的性格を持たない言語であるからである。このように、国語学の出発点において、その研究対象である国語の名義を、日本語的性格を持った一切の言語をいうというように規定することは非常に重要なことである。

なおこれについては次のような疑問が生ずるであろうと考えられるのである。日本語的性格を持った言語ということは、日本語研究の究極において明らかにせられることであって、最初から国語すなわち日本語であるというような定義は、国語それ自体の定義にはならないのではないかということである。これは一応、もっともなことであって、私はこの疑問を中心にして、国語学の方法論を考え、さらに国語学史の立場を明らかにして行きたいと思うのである。

二　国語学の対象

私は国語学の対象を規定するのに、国家や民族の観念を排除し、純粋に言語的特質に基づいて、国語すなわち日本語的性格を持った言語であると規定した。ところが日本語的性格ということは国語学の究極において見出されるものであって、最初からこれが明らかにされているならば、もはや国語研究の必要も消滅してしまうことになる。そこで国語を他の何か明らかなものすなわち国家とか民族とかによって規定しようとする立場が現れて来るわけである。しかしながらこの立場は、あたかも「魚は水に住むものである」という定義に等しく、対象を外部的原理によって規定することであって、対象それ自体の持つ原理によるものではない。そこで必要な態度は、ともかくも対象として与えられた無規定な日本語を、それ自体の内に具有する原理、すなわち日本語的性格なるものを明らかにしつつ、対象を輪廓づけて行くことである。

最初に与えられる不明瞭な輪廓を持った対象を、明確に規定して行こうとする行き方は、国語学の特質と考えられるばかりでなく、恐らく一切の文化科学の対象について、通じていわれることではないかと思う。国語学の任務は、分析によって種々な要素を摘出してこれを体系化することのほかに、常識的に与えられた無規定な対象を、明確に輪廓づけることに存するのである。このことは国語学の出発点において、まず牢記《ろうき》しなければならない重要な事柄であると考えられるのである。自然科学においては、対象は常に研究者の前に終始、固定されていて、牛を研究しつつあった者が知らず識らずの間に馬を研究して居ったというようなことはあり得ぬことであるが、文化科学においては、必ずしもこのようなことが無いとは断言出来ない。何となれば、研究者の前に置かれた対象が、常に漠然とした輪廓のみしか示さないことが多いからである。例えば、言語における音声を研究していると自認している研究者が、実は純粋に物理的な音響の研究に専念して居ったというようなことは決して珍しくないのである。

そこで必要なことは、最初に対象の本質をしっかり見通すことである。もちろん、この見通しは、対象についての省察が進展すると同時に訂正せらるべき性質のものであるかも知れないが、その故にかかる見通しが不必要であるということは出来ない。国語学はむしろかかる対象の本質観の不断の改訂によって、次第にその目標に到達することが出来るのである。従って、国語学は、その出発点において、まず国語の本質あるいは進んで言語の本質がいかなるものであるかということが問われなければならないのである。従来の国語学は、このような言語の本質に対する見通しを立てることをむしろ避けて居ったように思われる。あるいはかかる本質観は、国語研究の進歩に従って自ずから明らかにせられるものと考えているもののようであった。

このような立場における国語研究は、分析された各要素、例えば音声とか文字とか意味とかを、それぞれの分野において研究し、最後にこれを綜合して全体の概念を明らかにしようとする、いわば構成主義的態度である。このような態度における研究は、しばしば音響学や心理学の寄木細工に陥り、かくして言語の本質を明らかにすることが疑わしくなって来るばかりでなく、国語学の独自性ということも求めることが出来ないようになって来ると思われる。しかしながら、危険はさらに深いところに存するということを知らなければならない。この構成主義的態度は、言語本質観を予定しないところのいわば白紙的態度であると考えられながら、実は分析された各要素の構成によって言語的実体が成立すると考えられるところに、既にかかる構成的言語本質観が予定せられているのである。無意識に予定せられた言語本質観を、あたかも白紙的態度をもって臨んでいるかのように誤認するところに、反省と吟味の欠乏が生ずるのである。この危険を救う道は、まず言語の本質はかくかくのものであると仮定し、絶えずこの本質観を反省し吟味しつつ研究を進めるところの方法である。この態度においては、言語における各要素は、あらかじめ分析されている要素ではなくして、予定せられた言語の本質を基礎にして、言語の全機構の構造聯関において分析されるところのものである。国語の研究は、この態度方法から入らなければならないと思う。

かつては国語研究の方法として、音韻・語彙・語法の三大部門ということがやかましく主張されて居って、研究者の道標のごとく思われた。しかしながらこれも一種の構成主義的態度であって、比較的安易な言語観察を教えたことは事実であっても、言語の本質に対する洞察を鈍らしたことは争えない。我々はむしろいかなる事実に属する現象であるかの判断に迷うような事実に直面することがしばしばであって、このような事実を言語機構全体から、いかにして分析すべきかということが最初に問題とされねばならないことが多いのである。上に述べたような構成主義的な国語研究の態度は、明治以後の国語学に著しく見られるところのものであるが、それは既に体系的に完成せられたと考えられた言語学を範とするところから自ら馴致《じゅんち》せられた結果でもあろう。さらにいえば、国語学の対象は、元来、不明瞭、漠然たるものであって、国語学は、この対象の輪廓を明らかにするところに研究の第一義が存するという、きわめて簡単にして根本的な事実を忘れて居ったことによると思うのである。

以上のように考えて来る時、国語学の任務は、国語の事実を適切に整理し、体系化するところにあるのではなくして、国語の発見ということが根本の任務であり、少なくともそれが他の科学的操作に先行するものでなければならないと思うのである。国語はまだ体系づけられない対象であるとするよりも、いまだ発見されない対象であるという方が適切である。従って我々の必要とするところのものは、体系に必要な理論ではなくして、発見に必要な国語を視る眼である。

以上述べたところの国語学とその対象との関係を譬《たと》えていうならば、あたかも望遠鏡をもって星を探索しつつ、究極において天体の構造を明らかにするようなものである。このような国語学において、国語学史がいかなる意義を持って来るかを次に明らかにしようと思う。

三　国語学と国語学史との関係

国語学史は国語研究の歴史として、それ自身、独立した使命を持つものに相違ないが、それにもまして、国語学史が国語学の展開に重要な意義を持つものであることを、ここに明らかにしたいと思う。特に私にとって国語学史は、国語学の体系を建設するに必要な一つの方法論的実践としての意義を持つものである。国語学史は国語学の装飾的な一領域とは考えられないのである。次にもっぱら私の研究の立場から国語学史の意義を明らかにしたいと思う。

国語学の真義は、国語に存する種々なる事実、例えば音声的現象、文法的現象を整理し体系化することにあるばかりでなく、それより先に、これらの事実が融合した、漠然として不明確な常識的対象の輪廓を、科学的に浮彫りにして示すところにあるのであるから、国語学は何よりもまず対象に対して発見的態度をもって臨まねばならないことは前項に論じた通りである。そこでまず第一に国語の微細な現象をも見逃すまいとする凝視の態度が必要とされるのである。以上のように見て来るならば、国語学の体系は、国語現象の理論的体系であるといわれる以上に、その根本の意味においては、研究者が国語について発見した事実の整理統一であり、換言すれば研究者の国語に対する意識の整理統一であるということが出来る。このような国語学は、研究者の眼に映じた国語現象の理論的な投影であり、模写であるといって差し支えない。

これに反して、もしある与えられた理論なり範疇なりによって整理された体系であるならば、それがいかに輪奐《りんかん》の美を持とうとも、そこには幾多の重要な事実が網の目を漏れるように見逃されているかも知れない。所詮、それは国語の現象を鋳型に流し込むに等しいものである。国語学のあるべき姿を、上述のように、国語に対して意識せられた事実の体系であると考える時、過去における国語研究の歴史の価値は、それが真に国語を凝視したものであるか否かによって決定されるのであって、それが理論的に完成しているか否かにあるのではない。

最初、私が国語研究に従事しようとした時、私は私の国語に対する眼を明らかにするために、過去の学者がいかに国語を意識したかを探索する必要を感じた。この調査において、私は明治以後の国語研究が多分に外国の言語理論の適用に急であるのに対して、明治以前の国語研究には、自らの力によって国語現象を発見しようとする態度が著しいのを見出した。従って明治以前の国語学史は、過去の研究者の国語に対する意識の展開であるということが出来ると思った。そこには理論の貧弱さと、体系の不備とが認められるにもかかわらず、なお国語に対する凝視より生まれた発見的事実を見出し得るのであって、私は国語学史を調査しつつ、国語研究に対する方法論の多くの示唆を受けることが出来た。同時に、国語学史において、私は国語の真の投影を捉えることが出来るのではないかと考えた。国語学の真義が、国語意識の理論的体系であるとするならば、国語学史は国語意識の展開の歴史であるということが出来、我々が、この過去の展開を継承して、新しい発展を試みるところに、今日以後の国語学が建設せられるのではないかと考えたのである。

以上のように国語学史を、国語意識の展開と考えることによって、その本質を捉えることが出来ると同時に、それは現代の国語学の発展と不可分離の関係にあることが知られるであろう。しかしながら、我が過去の国語学史は、明治以後において、もっぱら国語の学説史と考えられたために、その理論と体系の貧弱なことに対して峻烈な批判を受け、価値なきものとして斥《しりぞ》けられ、多くの学者は、それらの欠陥を現代の言語学の理論に照らしてこれを批正することが、現代の国語学にとっての国語学史の有効な利用法であるかのごとくに考えた。国語学史は、後車の戒《いまし》めとしてわずかに存在理由があったのである。私はこれらの国語学史に対する見方を一切排除して、国語学史を国語意識の展開の歴史と見、さらに国語学史そのものが、国語現象の投影であると考えることによって、今日以後の国語学の礎石としようとした。

国語学史の国語学における意義は、以上のように国語学の対象が、本来いかなるものであるかを検討することによって、理論的に明らかになって来たと思うのであるが、国語学史の独自の意義、すなわち学術史としての意義もまたこれを国語意識の展開史として捉えることによって始めて真相に触れることが出来るということも、今ここに詳説する必要もないことであろうと思うが、なおこのことについては後に述べるつもりである（第四項に述ぶ）。

次に、国語学に対する国語学史が、国語学の理論的展開の基礎であると述べたことに関聯して、国語学の指導原理と考えられている言語学と、国語学との関係について一言する必要があろうと思う。私は新しい国語学は、過去の国語意識を継承して、その理論的展開の上に建設せられねばならないと述べたのであるが、明治以後の国語学は、以上のような行き方とは全然趣《おもむき》を異にしたものであった。明治以後の新国語学はほとんど西洋言語学の理論の上に立っているのであるが、この趨勢については、また止むを得ない事情の存在して居ったことも認めねばならない。当時の日本の学界は、ともかくも西洋の学界の水準にまで漕ぎ付けることが最大の急務であったために、勢い科学的研究の根本精神を深く究めるよりも、まず理論の輪廓を取り入れて、一応の学問的体裁を整えることに急であった。新国語学の体系は一応このようにして出来上がった。

一例を文法研究にとるならば、明治初期の文法組織は、西洋文法の組織の中に、国語の事実を組み入れて行くという態度で進んで来た。こういうやり方の根本には、西洋の理論に対する盲目的な信頼と、その普遍性に対する過信とがあったことを否定することが出来ない。既に述べたように、過去の国語学史が、言語学の理論によって批判されたということの中にも、この態度はよく現れていると思う。しかしながら、翻《ひるがえ》って西洋の学問の根本精神を考えて見るならば、印欧言語学の輝かしい成果にしても、それは個々の具体的現象を対象として、そこから導き出された理論にほかならないのであって、決して天来の理論でもなければ、啓示でもないのである。泰西の科学の教える根本精神は、ただ対象と取り組むことにあるのみである。このように見て来るならば、泰西科学の理論を借用した明治以後の国語学よりも、旧国語学がより科学的精神に立脚していると言っても過言ではないのである。もしこのような科学的精神に立脚せずして、いたずらに言語学の理論に追随するとしたならば、言語学は国語学にとって他山の石となり得ないばかりか、むしろ国語学の自立的発展に大きな障礙《しょうがい》とならないとも限らない。それはあたかも自ら労せずして人の恩恵によって徒食するようなものである。

国語学に対する言語学の立場を右のように解釈することは、決して言語学が国語学にとって無用であることを主張しようとするのではない。言語学は国語学にとって一つの大きな刺戟であり、いまだ完成の域に達していない国語学にとっては、確かに発展への助言であり、示唆であるに違いない。しかし、それはどこまでも助言であり示唆であって、研究の主体は必ず我であり、我によって国語とその理論は発見され建設されて行かなければならないのである。日本の学術史、思想史の遠い歴史を顧みても、日本民族はともすれば自ら思索することの労を厭《いと》うて、外来の理論によって、一応の理窟を付けることをもって満足して居った。『古事記』『日本書紀』に対するシナ的解釈のごとき、その適例であるが、国学の排斥したものは、まさしく右のような学問研究の態度にほかならなかったのであり、そこから文献それ自らに、虚心に、赤裸々に取り組む態度が生まれて来たのである。

国語研究がその著しい業績を築いたのは、この国学の精神の中においてである。芸術史上において誇り得る多くのものを持ちながら、学術史上においてきわめて貧弱な日本において、国語研究は唯一とまではいえなくとも、確かに有数な学術的研究の成果の一つとして数えることが出来るであろう。そういう点からいっても国語学史が方法論的に示唆するところはきわめて多いであろうと思うのである。

四　国語学史編述の態度

前項において、国語学史が国語学の建設にとって、いかなる意義があるかを述べて来た。これを要約すれば、その一は、国語学史を辿ることによって我々は国語学上の種々な問題と、自己の研究の出発点とを明らかにすることが出来ること。その二は、国語学史が研究者の意識に映じた国語の投影であることによって、国語学史を通して、原物である国語の姿を把握することが出来るということである。

それならば、右のような国語学史はいかなる態度をもって編述すべきであろうか。この問題は、立場を変えていうならば、我々はいかなる態度をもって国語学史を読むべきかの問題に帰着すると思うのである。国語学史編述の態度については、私は既に二、三の小論に述べたことであるが（論文六、七参照）、要するにこれを一の歴史として見ることである。歴史として見るということは、歴史的事実に忠実であって、みだりにこれに対して価値判断を下さないという態度である。ある一つの研究が、たとえ現代の学説に照らして誤りであることが認められても、我々にとって大切なことは、この学説を是正することではなくして、何ゆえにかかる学説が生じたかの歴史的因果の関係を明らかにすることである。このようにして我々は、一学説の成立が、多くの場合に国語の持つ現象に規定されたものであることが多いということを知るのである。例えば音義説のごとき、一見、無稽《むけい》の説のように考えられるものであっても、かかる説が生み出されるのは、その根柢に国語の語詞構造がしばしば単音の複合から成立する合成語であることが多いという事実が存在するためであることを認め得るのである。

このような歴史編述の態度は、当然のことであって、今さら事新しく述べる必要もないことのようであるが、実はそうではないのであって、既に世に出た多くの国語学史の主眼とするところは、歴史的事実に忠実であることよりも、むしろ過去の業績に対する批判が主となって居ったのである。かかる批判は、まず批判の基準となるべき言語学説が予定せられて始めて可能なのであるが、このような基準的な学説が予定せられてあるならば、もはや国語学史を顧みる必要もないこととなるのである。私の態度は、過去の学史のありのままの変遷を辿ることによって、そこから無限の問題を汲み取ろうとすることである。さてそれならば国語学の歴史とは一体どのような内容を含むのであるか。

第一に国語学史は学説史であるから、学史の内容をなすものは国語学書であり、国語学書を系統的に排列することによって国語学史が成立する。しかしながら、次項にも述べるように、旧国語学は、文献の解釈および擬古的文章の制作と関聯し、これに依存して発達して来たものであるから、国語の理論的組織は、なお解釈ならびに表現を論じたものの中に存すると考えなければならない。特に註釈書類のごときは、国語の学説史を明らかにする上には等閑《とうかん》に附することが出来ない。拙稿「古典註釈に現れた語学的方法」(論文八参照)は、そういう意図のもとに『万葉集仙覚抄《せんがくしょう》』における註釈過程に現れた古代言語に関する学説を整理したものである。このような考察がなお他の註釈書について試みられるならば、国語学史の内容はいっそう充実したものとなると考えられるのである。

第二に、国語学史の本質は、それが学説史であるということよりも、国語現象の発見の歴史であり、国語に対する意識の展開史であるから、このような意識の展開における因果関係を明らかにせねばならない。ここに至って始めて真正の国語学史が成立するのである。このようにして組織されるならば、国語学史から汲み取ることが出来る問題はきわめて多いであろうし、またある学者の発見した国語現象にして、適切な説明が下されず、あるいはそのまま葬り去られたものも多いであろうと考える時、それらについて現代の学徒がこれを拾い上げ、あるいはこれに適切な説明を下そうとするならば、国語学史は常に新しい様式をもって書き改められることとなって、国語学の新しい展開に不断の寄与をなすであろうと考えられるのである。

ここに私が編述しようとする国語学史は、右に述べたような態度によるものであるが、今日『国語学書目解題』あるいは『国語学大系』において知り得る事項は出来るだけ省略して、もっぱら国語学の史的変遷の大綱を描くことに努め、国語学書に対していかなる態度をもって臨むべきかの大体を述べることに留めた。それがまた本書に要求せられる最も主要な点であると私は考えたのである。

五　明治以前の国語研究の特質と言語過程観

明治以後の国語研究は、多分に泰西言語学の理論を取り入れ、その基礎の上に立っているので、他の西洋的なものの理解と同様に、今日においてはこれを理解することは比較的容易であるのに反して、明治以前の国語研究は、あらかじめその特異性を明らかにすることなくしては理解が困難ではないかと思う。そこで私は、本稿の結論に相当する部分を、まずここに述べて、これから旧国語学について研究調査されようとする学徒のために備えることとしようと思う。

ヨーロッパ言語学、特に十九世紀以後の研究においては、自然科学的考え方の影響を受けて、言語学の対象を著しく自然科学の対象に近づけて考えるようになった。自然科学的方法が言語学にも適用出来るということは、言語学の誇りでもあったのである。もちろん、言語が自然科学的対象であるよりも、文化科学的対象に属するものであることは多くの学者によって繰り返しいわれたことであるにもかかわらず、その対象の取り扱い方においては、多分に自然科学的であったということは見逃し得ない。ヘルマン・

パウルが言語学に類推の原理を導き入れて、言語の歴史的変遷の事実を説明しようとした時でも、それは言語を使う話手の心理的作用についていわれたことであって、このような場合においても、類推作用によって創作せられる「物」としての言語が考えられていたのである。

ソシュールは、使われる言語と、かような言語を使用する活動とを区別し、使われる素材としての言語について共時言語学を組織しようとした。彼に従えば、素材として使用せられる言語の本体を、概念と聴覚映像との結合という純心理的なものとして考えたのであるが、これを心理的実体として言語の単位と考えたところに、著しく物的科学である自然科学的考え方の滲透を見逃すことは出来ない。素材としての言語はせいぜい人間の息のかかった道具として考えられ、また人間の目的観念によって意味を附与された「物」として考えられた。ソシュールは「物をいう事」を言語活動(langage)と名づけ、「いわれる物」を言語(langue)と名づけた(小林英夫『言語学通論』事実篇第一「言語活動の定義」)。このようにして成立した言語理論が自然科学的であり、機械観的であるところから、近代言語学は、目的論的考え方を導入してこれを修正しようと試みた。

しかしながら、小林英夫氏の解説されたように(『言語学に於ける目的論』京城帝大文学会論集第六輯、二六四頁)、言語をもって、列車を脱線させる目的のためにレールに横たえた丸太に比するならば、それは言語を一種の道具と見る考え方とほとんど相違がないのである。パウルよりソシュールへ、そして現代の目的論的言語観へと幾変遷しても、人間心理が問題になるのは、単に物としての言語の運用においてのみ認められるのであって、運用される言語は依然として物的対象として残されているのである。

ヨーロッパ言語学に通じて見られる言語を「物」として見る傾向に対して、日本に古くから見られる考え方は、「事」と「言」とを同一視する考え方である。国語において「事」と「言」とは共に「こと」といわれている。ここに事としての言語ということは、事において使用せられる素材としての言語が存在することを意味するのではなくして、「言う事」の根本にあるものは「心」であって、心が発動して言語となるという意味である。このことは既に『古今集』序にも、「大和歌は人の心を種として、よろづの言の葉とぞなれりける」と述べられている。また例えば、中世の「てにをは」研究における「てにをは」の概念に見ても、「てにはとは出葉と書《かけ》り。草木の葉なくば、何の草、何の木と云ふ事しりがたし。葉に出すを見て、其草其木としるがごとし」(『春樹顕秘抄《しゅんじゅけんぴしょう》』『国語学大系』十四巻、九一頁)と述べられてあるのは、もちろん「てにをは」の名義の説明は妥当でないにしても、その本質観については、やはりこれを本体である心の顕現と見ていることが明らかである。決して心のある発動を表現するのに、「てにをは」という物を使用するという考え方ではないのである。

近世末期に発達した音義説に見ても、この言語観と相通ずるものが認められる。言語の音声は、心にある思想に相応した音色をもって表わされるものであると考えた。平田《ひらた》篤胤《あつたね》が『古史本辞経《こしほんじきょう》』に、「物あれば必ず象あり。象あれば必ず目に映る。目に映れば必ず情に思ふ。情に思へば必ず声に出す。其声や必ず其の見るものの形象《ありかた》に因《よ》りて其の形象なる声あり。此《これ》を音色《ねいろ》といふ」といったことは、やはり思想の音声的移行として言語を見ているのであって、事としての言語の考え方である。国語学史上に現れている言語観は実に右に述べたような「事としての言語」観であって、これは明らかにヨーロッパ言語学における「物としての言語」観に対立するところの思想である。そしてこの言語観は、国語研究の母胎ともいうべき国学との関係によって、いっそう鞏固《きょうこ》にされた感がある。

近世における国語研究は、国学の要求するところの古代文献の解釈と、古語的表現のために発達して来たものである。いわば国語研究は、終始、国学に依存して、それ自身、独立した目標を持ち得なかった。これに反してヨーロッパ言語学は、その隆盛期において文献学と手を切って、独自の対象と方法とを持とうと努力した。そこには確かに科学としての独立を企てようとする熱意が認められるのであるが、そこからまた研究対象を物として対象化することの傾向が著しく現れたことも否むことが出来ない。すなわち言語を物として対象化することによって、始めて科学的操作を加えることが可能であると考えられたのである。これに反して、旧国語学においては、国語が独立純粋の対象として考えられたことはほとんどなく、常にある目的の手段として研究されたことを特色とする。すなわち古文献の解釈と古語的表現のためであって、解釈と表現とは、言語を対象化する前に、より具体的に言語それ自身を経験させたのである。

一例を挙げるならば、『万葉集』に「野干玉」という字面が存在する。これをいかに訓《よ》むかを研究して「ヌバタマ」と訓むことが明らかにされたとする。次にその意味は「黒きもの」を意味することが明らかになったとする。このような解釈の過程を辿ることによって始めてこの語が経験されるのであって、それは同時に万葉人の「言う行為」を逆に溯ることを意味するがゆえに、万葉人の言語経験を再経験することになるのである。国語学者は、このようにして得た言語経験を、特に対象化する必要を認めなかったので、必要なことは、このような経験を獲得するに必要な法則を明らかにすることであった。例えば用字法において、「都奇」を仮用として、「月」を正字とするような分類法も、このような字面から言語の経験を獲得するために必要とされたのである。性急な対象化を強制されなかった国語学者が、言語体験それ自体に即して言語を体系化しようとしたことは、国語学にとってはむしろ幸福なことではなかったかと思う。

旧国語学がこのように、終始、国学に依存して来たことについては、明治以後になって、旧国語学の科学としての独立性に疑いを抱かせ、旧国語学は実用語学であって真正な科学ではないような感を起こさせたのであるが、それは不当な批評というべきで、もし「事としての言語」観が正当なものとするならば、近世国語学の開拓したものはむしろ真の科学的研究であったというべきで、国語学の国学への依存は、むしろ国語の不自然な実体化を防ぐに効果があったといわなければならない。学問の真正な研究法は、与えられた対象を、その対象のありのままの姿において捉えて、これを記述することでなければならない。運動は運動自体の姿においてこれを記述せねばならないので、運動を記述することが困難であるからといって、これを静止させて記述するならば、もはやそれは運動を記述したことにはならないのであろう。ソシュールは言語の具体的対象が混質的であるところから、これを概念と聴覚映像との結合という純心理的なものにおいて捉えようとしたのであるが、この態度は右に述べた運動を静止の姿において捉えようとする態度に類するものである。

私は以上のような旧国語学における言語観を発展させて、言語過程観なるものを考え、それによって言語現象の諸相を説明しようと試みた。このことについては論文二〇の小論を参照せられたい。なお旧国語学が、解釈と表現とを目標として生まれて来たものであるにもかかわらず、かえってそこに真正な科学的価値を見出し得るということは、言語における技術と言語の科学的研究、すなわち術と学との関係に関する問題を提出するものであるが、このことに関しては論文三二を参照せられたい。旧国語学の科学的価値ということは軽々に断言出来ないことであって、旧国語学が、学としての独自の領域と使命とを自覚していなかったということは、何ら、旧国語学の科学性を損益するものではないことを附け加えて置きたい。

六　国語学史の時代区劃と各期の概観

私は国語学史の時代区劃を次のように分った。

第一期　元禄期以前
第二期　元禄期より明和安永期に至る
第三期　明和安永期より江戸末期に至る
第四期　江戸末期
第五期　明治初年より現代に至る

右の時代区劃は、厳密な意味における時代順を追うているものではなく、むしろ学統の変遷を明らかにすることを主としたものである。従って時代的には後期のものが前期に繰り入れられているようなことも必然的に生ずると見なければならない。今、研究史に入るに先立って、各期の国語研究を促した諸事情を概観し、国語研究の成立した意義を明らかにしようと思う。

第一期

元禄期以前。国語研究の揺籃《ようらん》時代から、元禄時代の国学勃興時代の国語研究を総括する。国語が次第に学者の脳裏に意識されるようになり、主体的経験においてのみ意識されて居った国語が、次第に反省的に、対象的に考察せられるようになって来た時代である。しかしながら、いまだ第二期のように明確に研究対象として国語を考察するというよりも、他の目的を成就する手段あるいは階梯《かいてい》において自ずから国語の研究が促されたという時代である。従ってこの時代の国語研究の特色を明らかにするためには、これを促進した他の目的がいかなるものであったかを明らかにする必要がある。その一は古典の研究である。もちろん、第二期の国語研究を促したものの一つに古典の研究を数えることが出来るが、第二期においては、国語研究ということが古典研究の不可欠の条件であり、階梯であると考えられたのに反して、本期においては古典研究が自ずから古語研究を促進したというに止まる。従って国語研究の方法についても、いまだ深い反省の無かった時代である。その二は歌文の制作である。古典の研究は、いわば古語の理解の側から研究が促されたものであるが、歌文の制作は表現の側から国語の考察を促した。この目的は第一の場合とは自ずから異なった対象と問題についての研究の道を開いた。その三は外国語の学習である。外国語はすなわち漢語と悉曇《しったん》であるが、国語以外のものとの接触によって、今まで注意が向けられなかった種々な国語現象が問題にされるようになって来た。外国語との接触によって、国語が自覚されるようになったばかりでなく、外国語の言語理論が国語の理論的組織に影響を与えたことも注目すべきことである。

第二期

元禄期より明和安永期に至る。本期の国語研究は、前代のそれに比して著しい特徴を持っている。それは国語研究が国学の勃興という学問研究の新機運によって色づけられていることである。中世あるいはそれ以前においては、古典の研究においても、歌学においても、語学的研究がその必要欠くべからざる基礎的部門であるという風には考えられなかった。語学的研究が無意識のうちに促進せられた時代であった。本期に入ると、国学は、その方法論としてまず語学的研究を要求した。国学は、今の時代と古え《いにし》の時代とを明らかに弁別し、我が国と外国との差別の認識から、中世期の学問の煩雑、すなわち神儒仏思想の混乱、外来思想と固有のそれとの混淆、それらより起こる一切の牽強附会《けんきょうふかい》から免れようと努力した。それは、ひたすらに曇《くも》りなき古代精神を認識することを目標とした。古代精神の認識ということは、古代の文献を通してのみ可能である。そして古代の文献は、また古語の究明を他にしてこれを理解することが出来ない。ここに至って古語の研究は古代精神の扉を開く唯一の鍵と考えられたのである。

荷田春満《かだのあずままろ》の『創学校啓』は最も雄弁に右の事情を物語っている。古語研究の目的は、古義を通ずるためであり、古学を復興するためであり、彼が終身、古語の研究に身を委ねたのは、一にこの古えの精神の闡明《せんめい》のためにほかならなかったのであった（荷田大人《うし》『創学校啓』『続々群書類従』第十）。新井白石《あらいはくせき》の上代史研究の関鍵《かんけん》は、また言語文字の研究であった。『古史通《こしつう》』巻頭の読法および凡例には、明瞭にこの関係が示されている。〔賀茂〕真淵《まぶち》の学問についても同様なことがいわれる。〔本居〕宣長《のりなが》の述懐の言葉によれば、真淵の研究の階梯は、まず『万葉集』によって古語を明らかにし、それによって進んで『古事記』の精神を解こうとすることにあった（『玉勝間《たまかつま》』巻二、「あがたゐうしの御さとし言」）。この研究法はやがて宣長の歩んだ道でもあった。

村岡典嗣《むらおかつねつぐ》氏は、その著『本居宣長』において、宣長学の体系を古道説、文学説、語学説の三部門に別けて説かれたが、宣長においても、言語研究は、決して古道研究、物語和歌の研究などと相対立すべき研究領域ではなかった。宣長に従えば、学問は一に神学、二に有識の学、三に歴史の学、四に歌・物語の学に分れるのであって、言語の学はそれに対立する一部門ではなかった（『うひ山ぶみ』）。言語の学は、古語を解き明きらめるに要用のこととしてその任務を認められ、その中に仮字反《かながえし》の法、音の通用の事、延約の事、仮名遣《かなづかい》の事などが数えられている。このように、近世の国語研究は、国学への奉仕の関係において発達して来た。国学は、実に国語研究の母胎であったのである。

この奉仕の関係によって、ただちに規定されたものは国語研究の対象である。本期の国学が主として上代の文物精神を対象として居ったために、その研究資料は、上代の文献に限られ、ここに要求された語学は、必然的に上代言語の闡明を目的とするものでなければならなかった。本期はこれを上代語研究時代とも称することが出来るであろう。

本期の国語研究が、もっぱら上代文献の理解のために発達して来たのであるから、これを文献学的国語研究とも言い得るであろう。ただし、国学における国語研究との関係は、既に述べたところによって明らかなように、ヨーロッパにおける文献学と言語研究との関係と軌を一にするものではない。ヨーロッパ文献学における言語研究は、言語そのものが古代精神を明らかにするための一つの資料として考えられ、文学史、歴史などと相並んで、その資料と考えられている。これに反して国学における国語研究は、古代精神を明らかにする手段と考えられている。いわば国語研究は、目的地に到達するに必要な乗り物である。乗り物は乗り捨てらるべきものであるにもかかわらず、目的地に到達するには欠くことの出来ないものである。富士谷成章《ふじたになりあきら》が、道に志して言語の学を恥ずる者は、筑紫に行こうとする人が淀川の渡しを拒むのと同じであると言ったのは、国学と国語研究の関係を如実に言い表わしたものである(『かざし抄』総論)。しかしながら右のような国語研究の国学への従属の関係は、次第に稀薄になって、手段としての国語研究から、独立対象としての国語研究へと移るのである。

第三期

明和安永期より江戸末期に至る。本期の国語研究は、国学の展開に並行して著しい発展をなした。国学の主流は、本期に至って宣長の古道研究へと展開し、『万葉集』・祝詞《のりと》の研究に、さらに『古事記』の研究が加えられた。本期におけるさらに一つの重要な特色は、従来、記紀万葉を中心とする上代文献に限られた国学の領域に、新たに中古歌文の研究が重要な要素として加えられたことである。従ってここに中古の言語の研究が要求されることとなった。

国学における上代と中古の二つの研究は、宣長においては、内面的に統一されたものであって、二者別物ではないのであるが、この二つの領域に属する資料としての文献の言語的性質は、はなはだしく相違したものであったのである。それは、上代文献が漢字専用の文献であるのに対して、中古文献は、仮名専用もしくは漢字仮名混用の文献である。この異なった言語的性質を持った文献の理解には、必然的に異なった語学上の研究が必要とされたのである。相違は右に述べたような言語的性質にあるばかりでなく、文献研究の目的の相違によっても、異なった語学研究が現れて来た。上代文献学の要求するところのものは、文献の理解を達成するに必要な解釈のための語学研究であった。例えば漢字の用字法をいくつかに分類するようなのはこの方面の研究である。これに反して中古文献学の要求するところのものは、単に解釈のためばかりでなく、中古の言語が歌文制作の規範と考えられたために、主として表現を目標とした語学研究であった。例えば用言と「てにをは」との接続を明らかにするようなのは、この方面の研究である。この二つの領域における語学研究は、いわば言語の表現と理解との二方面から国語を考察したことになったのである。

このように上代語研究と中古語研究とは、それぞれ別個に研究されたものであるが、それが次第に交流し、中古語研究において発見された理論が、やがて上代文献を解釈する助けとなり、国学の目的を達成するに力となった。そしてこのような解釈および制作を目標とした国語研究の進展するにつれて、国語に存する整然たる秩序法則が、次第に明らかにされるようになり、このことが、国語、特に上中古の言語に対する尊敬愛護の念を強くし、国語それ自体に対する学問的興味を刺戟するようになって来た。国語研究が国学への奉仕を離れて、純学問的対象として取り扱われる傾向の生じたのは、本期より第四期にかけて特に著しい。語学家といわれる専門家の現れて来たのもその結果である。

本期の国語研究に中古の言語が加えられたことについて、なお一言して置きたいと思う。中古の和歌物語の研究は、決して本期に突如として勃興したものではない。近世初期に国学が起こり、上代文献の研究が重んぜられた時代においても、中古歌文の研究が顧みられなかったのではなかった。契沖《けいちゅう》においても、真淵においても、その研究の主力はもちろん上代文献に注がれたのであるが、なお、『伊勢物語』『古今集』『源氏物語』などの中古歌文は、主要な研究対象であった。一面から見れば、これは中世の学問の継承であるということも出来るが、本期と前期とには、またそこに自ずから異なった点があった。それは前期における中古文献の研究は、上代文献の余力になったものであり、上代文献に対する観点を、そのまま中古文献に移したという形であった。中古言語の研究の方法あるいは問題は、まったく上代語学の延長に過ぎなかったのである。

契沖の『源氏物語』の語釈は、まったく記紀万葉の研究の余滴になったものであるが、その点、宣長の『源氏物語玉小櫛《たまのおぐし》』に至ってはすこぶる面目を異にして来る。このように中古文献を従とする態度は、上代と中古とに対する価値意識の相違に基づくものであって、上代の言語が、優なるもの、雅なるものであるという意識は契沖にも存するが(『和字正濫抄《わじしょうらんしょう》』序、その他『万葉代匠記《だいしょうき》』釈文中において)、真淵に至っては、明瞭に、飛鳥宮の時代の言語をもって、優れたものであるとした(『祝詞考《のりとこう》』頭註)。このようにして、中古はすべて上代の崩壊したものという風に考えられたのであるが、この考え方は本期に至ってかなり根本的に改められるようになった。すなわち中古の文献とその言語は、上代のそれとは異なった価値において見出されたのである。中古の和歌および物語は、その思想的内容においても、その言語的価値においても、これを上代の崩壊低落したものでなく、一つの発達の時期を劃したものであると考えられて来た。上代の古語に対して、中古の雅語という意識はようやく本期において高まって来た。

上代は中古に比すれば、なお幼稚素朴であり、中古は優雅巧緻である。かくのごとき新しい価値批判は、主として和歌に対する批判から生まれて来ている。本居宣長は、一方、真淵の学問を発展させて『古事記』の研究を大成さすと同時に、他方、和歌に関しては次のように真淵とは異なった考えを述べている。和歌の理想は単なる感情の直叙にあるのでなく、読者を予想し、「あはれ」の情緒を催させる言語の技巧を必要とする(『石上私淑言《いそのかみささめごと》』『国歌八論同斥非評』)。和歌の用語、あるいは歌体の標準については、これを『紫文要領《しぶんようりょう》』および『うひ山ぶみ』に見るごとく、三代集より『新古今集』に至る間を理想と考え、なかんずく『新古今集』をもって、その極致と考えたのである。この真淵とは相反する和歌の規範的意識こそは、宣長の本期における中古言語の新しい研究領域を開拓させたものであって、宣長は真淵の継承者として『古事記』の研究を完成させると同時に、真淵とは異なった理想に立って国学の一領域を開拓したものということが出来る。

第四期

江戸末期。本期に入って国語研究の母胎である国学は、著しく実践的、行動的色彩を濃厚にして来たと同時に、国語研究においても種々なる新しい傾向が生まれて来た。

一、前期の輝かしい国語研究の成果を継承して、語学家なる専門家が多数輩出したこと。特に本居春庭《はるにわ》の『詞八衢《ことばのやちまた》』の継承者が夥《おびただ》しい数になっていること(『八衢大略』跋文)によっても、語学研究の流布の状態を想像することが出来る。

二、国語研究が国学への従属を離れて、それ自身独立した学問として研究され出したこと。既に述べたように、今までの国語研究は、解釈あるいは制作の手段として研究されたものであって、義門《ぎもん》の詳密な研究にしても、究極の目標は「術」に存するのであって、純然たる「学」ではなかった。しかしながら前期の優れた輝かしい研究の成果は、術としての目標以外に、言語に対する科学的興味を刺戟するに充分であった。手段としての言語研究は、次第に言語現象そのものに対する興味による研究に変って来た。これらの新しい傾向は、古くは仮名遣の研究、次いで係結《かかりむすび》の研究、後に活用の研究などの齎《もたら》した結果である。言語に存する秩序あるいは法則が、「奇しき」また「妙なる」こととして考えられ出したのである。義門が『玉緒繰分《たまのおくりわけ》』に、

詞の八衢と云ふ書を得て、やう〳〵其道を分け行けば、さは彼の玉緒の正しき筋はかくにやと聊《いささか》は弁《わきま》へらるゝ心地して、うるはしき詞の林は彼方にこそと遠くよりながらゆかしう思ふばかりになりにしかば云々

とあるのは、義門にとっては、玉緒および八衢の研究は、成章が述べたように、歌道に入る前提としてのいやしき言葉の研究ではなくして、ゆかしき言葉の林を目指すところの純学問的研究であることを示すものである。また同じく義門の『磯迺洲崎《いそのすざき》』に、

抑《そも》詞の活といふことは、凡《おほよ》そ哥《うた》よみ文かく人はさらにもいはず、すべてみ国のことゞひの雅《みやびや》かなる趣をばよく味ひえんにはふかくこゝに心をよせずばあるべからずとぞおもふ。

とあるのは、活用が単に制作のために必要であるばかりでなく、それはまた国語の優雅の象徴として、味わねばならぬことを述べたものである。音義学、言霊《ことだま》学などが盛んになって来たことも、この傾向の現れと見ることが出来る。

三、西洋語学特に和蘭《オランダ》文典の輸入。今までの研究は、すべて我が国独特の思索に基づく研究であったが、本期において、和蘭文典が輸入せられ、在来の研究と交流して国語に新しい観点を与えた。この傾向は本期を越えて次の第五期と相通ずるものがある。ともかく江戸末期は種々なる傾向の萌芽を蔵したのであるが、明治維新と共にまったく新しい局面へと展開するのである。

第五期

明治初年より現代に至る。第四期に至るまでの国語研究は、国学に従属して発達して来たものではあるが、常にそれ自身に内在する原理の発展によって進んで来た。しかるに本期の国語研究は、まったく新しい地盤の上にその根を下ろしたものである。明治維新が、日本の社会万般の事柄について、その過去の伝統を葬り去ったように、国語研究もまたまったく新しい出発をしたのである。旧国語研究と比較して、新国語研究の特質を挙げるならば、

一、国語が、国家的社会的な一重要問題として取り扱われるに至ったこと。

二、西洋言語学の影響を受けたこと。

の二つを挙げることが出来るであろう。

第一の特質について見るのに、江戸時代の国語研究は、その目的が主として古典の解釈、あるいは歌文の制作にあったため、国学の重要な階梯として考えられては居ったが、社会全体から見るならば、一部国学者、歌人の関心事に過ぎなかった。その研究は委曲詳細ではあったが、社会全体の問題としては、あまりに懸け離れた問題であった。そして社会の言語は、いまだ何ら問題の対象にはならなかったのである。しかるに明治維新は、別の方面から国家社会の国語に対する関心を喚び覚ました。しかもそれは古典の言語に対する関心ではなくして、実に社会国家の言語であったのである。この国語に対する新しい関心は、一つには文明開化を目標とする欧化思想に基づいている。外国の文物を観、その文字その言語の整備しているのを目撃する時、国字国語のあまりにも混乱しているのを痛感せざるを得なかった。この混乱を解決しなければ、到底、欧米の文明に比肩して行くことが出来ないという風に、当代の識者には感ぜられたのである。

国語国字改良論はかくして起こって来た。そしてそれが国語の学術的研究を促したのである。国語に対する関心は、また一方、日本の国家的統一によって促進せられた。前者の理由が悲観的消極的であるのに対して、後者の理由は楽観的積極的であった。明治維新政府の統一の完成、やがて日清の役に伴う国家的自覚によって、独立した国家には、まず完備した国語が無ければならないという主張と共に、国語を愛護し、これを完成させねばならないということが強調されるようになった。明治二十七年〔一八九四〕十月、上田万年博士が、「国語と国家」と題して講演されたことは最もこの時代の思潮を代表されたものであるということが出来よう。明治以後の国語研究は、右の二つの思潮を原動力とし、これが互いに経緯をなして、華々しく国家社会の中心にあって論議せられ研究せられた。明治前半の国語研究が著しく実際問題の色彩を帯びているのも当然といわねばならない。

第二の特質である言語学の輸入について見るのに、当時百般の科学が我が国の学問に与えたと同様な影響を、言語学は国語学に与えたのである。国語学は、まったく言語学の問題、研究方法に制約されて新しい学問的体系を組織しようとした。なかんずく注意すべきことは、言語学は、その当初において国語学の学問的規範と考えられたというよりも、国語の実際問題解決の批判者として遇せられたのである。明治前半の著しい傾向は、実に国語の実際問題の解決にあったといってもよい。その熱情が冷めて、国語学が真に科学としての研究の方向に就くようになったのは、明治も後半に属する頃であった。国語の系統論、歴史的研究がこの期間に著しい進歩を遂げた。一方、国語の文法学についても、多くの業績が現れた。昭和の初め、小林英夫氏によって、フランコ・スイス学派の言語学が紹介されて以来、国語学に及ぼした影響も甚大であったが、ここに言語学に対する国語学の立場というものが反省されなければならないことが痛感されるに至った。久しく顧みられずに放棄されて居った旧国語学と、常に外部より刺戟を与えつつある外国の言語学とが、将来の国語学にいかなる立場を持つべきか。これらの問題を考えるところに将来の国語学の出発点があるのではないかと考えられるのである。私の国語学史はまさにそのような反省から生まれたものであることは本稿の第一部「序説」に縷々《るる》述べたところである。

第二部　研究史

第一期　元禄期以前

イ　古代日本民族の国語に対する信仰

国語研究史は、これを、もし厳密に定義するならば、国語に対する科学的認識の歴史であるが、これを広義に考えるならば、国語に関する何ほどかの省察は、すべて国語研究史の内容と考えることが出来る。「言」あるいは「言語」というような名称が生まれた時、既に国語に対する反省が現れたと見ることが出来る。これら知的反省と同時に、国語に対する感情的志向もあり得るのであって、国語に対する倫理的宗教的態度のごときはこれである。これらの言語に対する感情は、一方、国語の構造や史的展開に対して重要な役割を演ずると同時に、他方、国語の知的探求を刺戟するものとして、国語研究史の前駆をなすものと考えることが出来る。私は研究史に入るに先立って、日本民族の国語に対する信仰的態度がいかなるものであったかを述べて置こうと思う。国語に対する信仰とは、国語という表現行為を規定する感情あるいは心構えであって、それは民族によって相違すると同時に、神に対する場合のように、表現の場面によっても相違するであろう。古代日本民族の言語的表現行為を規定する感情あるいは心構えは、言霊《ことだま》の信仰となり、それが祝詞《のりと》、寿言《よごと》、枉言《まがごと》、忌詞《いみことば》となって現れている。言霊の信仰とは、(1) 我々が発する言語には精霊があって、その霊の力によってその表現のごとくに事が実現すると信ずることである。「雨降る」といえば、これを言うことによって「雨降る」という事実が実現すると考える。不吉な言を発すれば、そこに不吉な事が現れるのである。

『万葉集』に次のような歌がある。

一四七　天《あま》の原ふりさけ見れば大王《おほきみ》の御寿《みいのち》は長く天足《あまた》らしたり(『新訓万葉集』に拠る)

右は天智天皇御不予《ごふよ》の時、太后の奉《たてまつ》れる御歌であって、天皇の御寿命の天のごとく広大にして悠久にましますことを述べられたので、かかる御歌の発せられる根柢には、言霊の威力によって、天皇の御寿命の永久であることが実現するという信仰の存在を想像することが出来るのである。(2)

言語はこのような霊力を持つものではあるが、立言することによって希望する事実を実現さすことが出来る反面において、凶事を伴うものであると考えられた。ここに言挙《ことあげ》を慎むという思想が生まれて来る。言霊の信仰は、言語に対する感情を対象へ投影したものであるが、この両者の前後関係は今つまびらかにすることが出来ない。あるいは日本民族が言語表現を畏れ慎むという根本的な感情あるいは心構えが、言霊の信仰を生み出したと考える方が適切のようにも思われる。右のような事情が、もし当っているとするならば、言霊の信仰がたとえ伝説化された時代になっても、忌詞が形式的にのみ守られる時代になっても、日本民族の言語に対する感情あるいは心構えというものは、不断に別の形をもって言語的表現を制約していると見なければならない。事実、日本語の表現を、シナ・印度あるいはヨーロッパ的表現と比較して見るとき、そのような結論が当っているのではないかと思う。

以上述べたことは、主として言霊信仰の国語自体の発展にかかわる方面であるが、別に国語の学問的認識に関する方面も注意しなければならない。言霊信仰は、近世、特に末期に至って、国語研究の理論の中に織り込まれるに至った。言霊信仰は、上に想像したように、元来、言語表現を畏れ慎むところの感情から出発したと思われるのであるが、万葉後期に至っては、言霊信仰それ自体が既に伝説的に取り扱われ、むしろ国語を讃歎する類型的な表現となって来たように思われる。この上代人の国語に対する感情的反省である讃歎の詞を、近世の国学者は、彼らによって発見された上代国語の活用および係《かかり》結《むすび》などの整備していることによって示される上代国語の優越性に結び付けて、国語の価値批判の一つの証左としようとした。そしてそれはまた上代の卓越を証明し、国体の尊厳を示す根拠とも考えられるに至ったのである(林国雄『皇国《みくに》の言霊《ことだま》』序、鹿《か》持雅澄《もちまさずみ》『言霊《ことだまの》徳用《さきわい》』。なお第四期ロ「音義言霊学派」の項参照)。

ロ　古典の研究(解釈を目標とする語学)

言語の研究を促す動機は、種々数えられるが、いずれの言語の場合について見ても、常に古語の理解の要求ということが、言語研究の原動力であったように思われる。言語が研究者の頭脳に、最も明瞭に研究の対象として意識せられるのは、それが古語として当代人の認識理解から遠ざかった時で、あたかも天体が学問の対象として、早くから古代人の興味を惹いたのと同様に、日常の生活から懸け離れた古語は、早く研究の対象となる傾向を持つ。研究方法から見て最も確実であり便宜である現代語が対象とされるようになるのは、むしろ言語の研究がそれ自身独立した目標を持つようになり、研究方法が論議されるようになった近代のことに属する。

我が国における、古語に対する興味は、早く記録成立時代以前にあったであろう。記紀風土記などに載録されている地名伝説の多くは、地名に対する古代人の解釈を伝えたものと見ることが出来る。その素朴な知的活動は、与えられた語を、既知の語に結び付けることによって満足して居った。(3)このような言語解釈の例は、必ずしも古代人にのみ通有のことではなくして、民間語源説として広く言語の理解に伴うところの現象であるということが出来る。伝誦《でんしょう》によった古伝説が記録となり、古記録が編史の資料となり、これらがさらに古典として学問的研究の対象とされるに至って、古語の理解は次第に方法論的考察を要求されるようになる。平安朝初期の『日本書紀』講読はこのようにして興り、そこに古語の研究が試みられるようになった。『万葉集』『伊勢物語』『古今集』『源氏物語』などもそれが古典として考えられるに至って、古語の研究が促され、近世に至っては、古語の研究は古典研究の欠くべからざる階梯とされたのである。

古典研究の基礎となり、これを成立さすところの古語の研究とは、いわゆる解釈であって、解釈とは厳密にいえば、古代人の言語経験を再経験するところの作業である。これには二つの段階が考えられる。一つは、記載の文字面を言語音に還元することであり、二つは、これをさらに意味にまで還元することである。一般には前者を訓点といい、後者を釈義と呼んでいる。この二つの段階を経て古語の理解は成立するのであるが、この解釈過程は、古語の理解を成立さすところの過程であって、これをもってただちに古語の語学的研究であるということは出来ないのである。何となれば、解釈それだけについていえば、それは我々の日常の言語生活における理解の作用と何ら相違するところがないのである。しかしながら、もしこれらの解釈を成立させるために、国語の一般的な法則を考え、それに基づいて訓点釈義を施したとするならば、そこに始めて国語学的研究が現れたということが出来るのであり、また右のごとき語学的考察を前提として始めて方法的になり得るのであるから、解釈は、そういう意味において古典の研究は、国語研究を促すところの動機であったといい得るのである。

古典の解釈を目標とする国語研究は、大体次の二点に要約することが出来ると思う。

一は、解釈の方法を規定する言語観念

二は、解釈の前提としての言語の体系

一についていうならば、例えば音義学派の語の分析法を見れば、それらの方法は、その根柢に、言語は意味を持った音の結合から成立したものであるとする言語本質観に規定されていることを知るのである。二は例えば、訓点の前提作業として、国語における用字法をいくつかに分類し、これを体系立てることが必要とされるような場合である。古典研究を溯るならば、以上のような国語研究にまで到達するのであるが、逆にまた古典研究の当否を批判するためには、しばしばその根柢をなす語学的方法と言語観念の当否を検討する必要が生ずるのである。古典研究と国語研究との相関関係は、以上述べたような状態にあるのであるから、一方、古典研究から国語研究が分立して行く状態を観察し、他方、古典研究の批判の前提としての国語研究を観察する必要が生ずるのである。日本の古典研究史は、以上のような立場から再検討されねばならないと考えた私は、その一試論として、仙覚の『万葉集註釈』を右の立場によって考察したことがあった(論文八参照)。今それに基づいて中世に現れた一つの言語観念と国語の体系的組織の一斑を述べてみようと思う。

一　言語における顕現の法則

同義語にして異なった形式を持った語、例えば「かなしぶ」と「かなしむ」、「おとろし」と「おそろし」のごとき対立を、現代においては、一般に歴史的あるいは方処的概念によって説明するのであるが、古くはこれを本源的な語の、異なった顕現であるというように説明した。この言語に関する根本的な考え方は、国語学史上かなり優勢な思想であって、江戸時代にまで影響を及ぼしている。例えば、富士谷成章が用言の活用の五段の変化に、立《タツ》、起《オク》、坐《ヰル》、伏《フス》、隠《ナバル》の名称を与えて、これが世にいう同音相通、同内相通であるといっているのを見ても(『あゆひ抄』立居図)、その比喩的名称が示すように、活用ということが、本体の種々なる顕現であると考えられたことを知るのである。そこに支配するものは変化の概念ではなくして、顕現の概念である。この思想の由来は、恐らく仏教の権現あるいは垂迹《すいじゃく》の思想に基づくものではないかと考えられるが、国語の現象に即して考える時、我々は今一度この思想を振り返ってみる必要があるのではないかと考えるのである。私はかつて、「行きます」「暑うございます」などにおける敬語(私は敬辞と名づけた)の「ます」「ございます」を、助動詞の一種類と考えず、陳述助動詞の場面的変容と解して説明した(論文二五参照)。ここに変容とはすなわち顕現と相通ずるところの概念である。

再び仙覚に立ち帰るが、右の顕現の思想によって言語を見る時、顕現の形式に種々な場合が見られるのであって、仙覚はこれらを、本韻、末韻、男声、女声、同韻相通、同内相通、略言、約言などの名称をもって説明したのである。一例を示すならば、「ウバタマ」を本源的な形と見、「ムバタマ」「ヌバタマ」を本韻末韻による顕現と考えたのである（もちろん右の説明は歴史的事実を全然顧みない、演繹的な結論であるが）。顕現の考えと併行して、五音図におけるア行を本源的なものと考え、以下の諸音をそれから派生したもの、その異相的顕現であると考えたことも注意すべきことで、江戸時代を支配した音の分生的観念は、既にここに見られるのであるが、この考え方もまた悉曇《しったん》学の影響による印度的思想であろうと考えられる。

二　語の構成法

統一体としての語の意識がきわめて朧《おぼ》ろげであり、語は多くの場合、これを構成する各音の結合されたものとして分析的に考えられる傾向が強かった。例えば、「ヤマ」（山）という語を理解するについても、これを統一された一個の語として考えず、まずこれを「ヤ」と「マ」に分析し、そのそれぞれの意味を検討することによって「ヤマ」を理解しようとしたのである。この語構成観は音義観と密接不離なものであって、語は意義を持つ音の結合であるという根本観念に支配せられたのである。仙覚が「ヤマ」を理解するのに、これを分解し「ヤ」を高き義、「マ」をほむる義とし、その結合においてこれを理解しようとしたことによって、その一斑を知ることが出来るであろう(論文八参照)。かくのごとき分解法を導いたところの語構成観は、本居宣長によって唱道せられた統一体としての語を、帰納的方法によって理解する方法と著しい対照をなすものである(第三期ハ「語義と文意の脈絡とについての研究」の項参照)。

三　語の職能的類別

一つの文章を分析して個々の語(単語)となし、その意味を明らかにする釈義は、解釈作業の一つの重要な部門であるが、同時にまたそれらの語の文章上における職能を明らかにすることも理解を助ける重要な方法である。例えば「家聞かな」という語句を解釈して「家が聞きたい」とするのも一つの理解の方法であるが、また別に、「なは希望を表わす助詞、動詞の未然形に附く」とすることによって、この語句を理解することも可能である。今日、語の職能を論ずるについては、これを品詞的職能、および位格的職能に分って論ずるのが普通であるが、この時代においてはきわめて漠然と、ある単位的な語を取り出してその職能について論ずる程度である。もとより最初から、単語についてあるいは位格について明確な概念を持っていたわけではなかった。仙覚において語の職能を示す術語として認め得られるものは次のごとくである。

一、発語、発語ノ詞

二、詞ノ助《たすけ》、助、語ノ助、詞ノ上ノ助、テニヲハノ字

三、ホムル詞、モノヲホムル詞、ホムルニイフコト、賞スルコトハ

一は例えばイカクルのイ、イコジテのイ、ユツロヘバのユ、ユツリのユのごときものである。二はイカホロのロ、イツシカのシ、カミサビセスのセ、タトホミのタのごときものである。三はシロタへのタへ、ウツアサのウツのごときものである。このようにして分類された語についてこれを見れば、その根柢に、単語についての明確な概念や、分類の基準についての確乎たる標準が見出され難いのであるが、ともかく、かくのごとくして語の摘出と、その範疇的分類が試みられたことは注意すべきことである。

ハ　歌学ならびに連歌の作法（表現を目標とする語学）

言語に対する考察を促す第二の動機となるものは、言語の表現という事実を目標として、それに伴う種々な問題である。言語表現は、絵画や音楽と同様に、一つの技術であって、これを実現するためには、まず言語の事実に対する知識を必要とする。言語表現が現代語である場合には、我々はその実現に何らの困難をも感じないのが常である。ところがそれが古語による表現、あるいは外国語による表現ということになれば、我々は勢いそれらの言語に対する知識を必要とするようになって来る。平安朝末期以後の歌壇の趨勢は、和歌の表現において、特殊な歌語および用語法を規範としたために、特に古歌の語学的知識を要求した。歌学の内容はもちろん種々な作歌上の問題に亙《わた》っているのであるが、その重要な任務の一つは、まさしく右のような古歌詞に対する語学的知識を供給することであった。ここに古典解釈とはまた異なった言語上の問題を意識したのである。解釈と表現とは異なった方向を持った働きではあるが、国語の研究は常に両者相《あい》俟《ま》って促進せられるものであることは、近世の国語研究がこれを明らかに示している。

古語の理解のために帰納された法則は、また古語による表現のための規範ともなり得るのである。

しかしながら、最初は、この両者の語学は、まったく異なった分野において成長し、従ってその問題とするところも異なって居った。解釈の対象となったところの言語が、多く上代の言語であるのに対して、歌文の表現の規範とされたものは、主として中古以後の言語であったからである。解釈と表現とにおける国語学上の問題の相違は、主として右のごとく対象とされた言語の時代による相違に基づくものである。その主たる相違点は、上代文献が漢字をもって記載されているのに対して、中古以後の文献（特に歌文の規範とされたもの）は表音的な仮名をもって記載されている。従って上代文献においては、漢字をいかに訓むべきかの問題から、用字法の研究が必然的に起こって来るのであるが、中古文献においては、そういうことは問題になり得なかったのである。次に表現を目標とするところの語学的研究の二、三を挙げることとする。

一　語の意味用例を明らかにすること

和歌が散文とは異なった言語表現であるところから、それに用いられる言語もまた当代の口語あるいは文語とは自ずから異なったものであった(4)。この相違は、歌語を意識的に選択するようになって来ると、さらに著しくなって来る。これらの選択の基準は、優なる言葉というような美的規範によるものであろうが、同時にまた和歌には古歌詞を用いるということが主張せられて(5)、ここに歌語の学問的素養を必要とするようになった。歌語の意味を解釈し、あるいはその使用例を示すところの作法書が生まれて来るのは当然である。例えば『隆源口伝《りゅうげんくでん》』のごとき、その中には和歌作法の諸事項と共に、次のごとき言語の釈義および用例を挙げている。

かつきめとはあまをいふなるへし。
しかすか、古歌枕云さすかと云也。
水砂児《みさご》はうををとりてくふ鳥也。

などとあるのは語釈であるが、「あをやぎ」の条には、

冬かれの冬の柳ともよみたり。青柳とも読たり。
これを本にして、あをやぎにははなたとよむへし。

などとあるのは、その語の使用例を示したものである。「霜」という語についても、『万葉集』に、「春の夕霜」「秋山に霜ふり」などとあるのを挙げて、その特異な用法を注意

している。用語法の特異なものとして枕詞の連接がある。『綺語抄《きごしょう》』に、「ひさかた」の語について、

そらをいふ也。或説云。月をいふ。非也。

とあって、「ひさかたのあまぢ」「ひさかたのひかり」「ひさかたのあまのさくめ」などの用例を示している。枕詞以外の語についても、

かすみをながるとよめり
かすみをかゝるとよめり
あめをたなびくとよめり

という風に、いかなる語がいかなる語と結合して用いられているかの具体例を示している。『八雲御抄《やくもみしょう》』を見ると、第三巻枝葉部においては、異名類語と共に最も多くこの連接の関係を示している。「日」の条下に、

あかねさす、万にはあかねさす日とよめり

さらに「あさつくひ」「夕つくひ」「あさひ」「ゆふひ」などの連接の例を列挙している。枝葉部を同抄言語部に比較すれば、言語部は語釈を主としたものであり、これは連接を主としたものである。同じく歌語の排列でありながら、その所属を異にするのは、その

用途目的を異にするためであって、そこに歌学書の内容の次第に分化して行くさまを知ることが出来る。藤原仲実《なかざね》の『綺語抄』、同範兼《のりかね》の『和歌童蒙抄《わかどうもうしょう》』、同清輔《きよすけ》の『奥義抄《おうぎしょう》』、顕昭《けんしょう》の『袖中抄《しゅうちゅうしょう》』などは綜合的な和歌作法書であるが、その中から、次第に語釈のみを摘出したり、用例を主にしたりして、和歌作法に便なる辞書体のものを作り出すようになった。順徳院『八雲御抄』中の言語部、由阿《ゆあ》の『詞林采葉抄《しりんさいようしょう》』、著者未詳の『万葉《まんよう》集目安《しゅうめやす》』などは語釈に重きを置いたものであり、一条兼良《いちじょうかねよし》の『歌林良材集《かりんりょうざいしゅう》』中の第三「虚字言葉」、第四「実字言葉」は、語釈と共に豊富な用例を列挙したものである。松永《まつなが》貞徳《ていとく》の『歌林樸樕《かりんぼくそく》』は同系統の書であるが、歌語の釈義はいっそう詳密となり、なお歌詞をいろは順に排列することによって、それはまったく辞書の体に接近したのである。

かくのごとき語の連接の関係は、近世に至っても、枕詞はもちろんのこと、その他の語についても常に和歌作法上の語学の問題となったことである。契沖が、枕詞「たらちね」の連接を調査して、従来、「たらちねのおや」「たらちめ」「たらちを」などと使用して来たのを、『万葉集』の用例に従って、「たらちねのはは」を正しいとしたごときはその一例である。宣長は、『玉あられ』において、しばしば語の連接の当否を説いている。例えば、「春」に対して「むかふる」と続ける用法、あるいは「すなほなる」という語に「御代」と続ける用法の非を述べているのはすなわちそれであって、『さよしぐれ』『玉霰窓《たまあられまど》の小《お》篠《ざさ》』のごとき作法を主体とした語学書の先駆となっている。

以上のような語の用例を調査することは、単に言語表現の目的の上からのみ重要なことであるばかりでなく、語の意味の記述ならびに意味の分化を知るためにも重要なことである。すなわち一つの語とある語との連接がしばしば繰り返されることによって、この語がその場合においてのみ特殊の意味を持つというような現象が起こるのである。そこから私は語の意味の体系ということを考えたことがある（論文一五参照）。語の連接の組織的調査は、辞書における語の意味の記述においてははなはだ重要な基礎的研究であるということが出来ると思う。

二　仮名遣を規定すること

和歌はその初め、吟詠を本体としたものであろうが、後に至っては、古歌詞に範をとり、またこれを文字に記載して目に訴えることを主眼とするに及んで、ここに和歌記載に関する種々な規定が考慮されることとなった。仮名遣はすなわちその一つである。それはまた歌学と密接な関係にあった中古古典の研究、特に平安朝末期、中世初期における〔藤原〕定家を中心とする古典の校勘事業において、古典の本文の仮名をいかにすべきかという問題と相関聯して、ようやく一つの形を備えるに至った。

既に平安朝初期において、和歌記載に使用する文字は、従来の『万葉集』において見るような漢字の仮借的用法より脱却して、漢字の草体であるところの平仮名を用いるように進んで来た。一方、経典の傍註用として使用された漢字の略体は、次第に後世の片仮名の形態を成して来た。これらの文字は、それぞれ別個の目的のもとに、一の音系列に排列されるに至った。一つは悉曇学を背景として成立した五十音図の真仮名にとって代り、一つは口誦に便なる詞あるいは歌に排列され、一般の手習の用に供せられ、「あめつちの歌」「たゐにの歌」となり、最後に「いろは歌」となって、完全に後世に弘通するようになった。仮名遣はすなわちこれらの仮名の使用法を規定することであって、次第に混乱に傾きつつあった仮名の使用法を、古典の記載に現れた仮名の使用法に倣《なら》って統制を加えようとすることであった。いろは歌にある語彙の仮名遣というものが、仮名遣の規範を決定する上に大きな勢力を持って居った。それは、いろは歌が弘法大師の制作であると考えられ、弘法大師に対する絶対的な信仰が、いろは歌の仮名遣を権威あるものとさせたのである。

これらの和歌記載あるいは古典の本文制定のために考慮された仮名遣は、吉野朝時代に僧成俊《じょうしゅん》によって発見された『万葉集』の仮名遣とはまったく別個のものであったのである。この期において、仮名の使用について種々な疑問が起こったのは、仮名が言語の音の標識として使用せられるものでなくして、何らか別個の基準に基づいて使用せられて居り、また、使用すべきであると考えられたことに基づく。そこでその基準がいかなるものであるかが問題となって来るのである。このような仮名遣の問題が起こるのは、その背後に、文字の固定と音韻の変化によって、発音と仮名とが乖離《かいり》して来たという事情が存在することはもちろんであるが、当時このような歴史的変化の理が考え得らるべくもなかった時代においては、この文字と音韻の乖離の現象を、別の原理をもって解釈しようとしたことはまた当然といわなければならない。仮名の記載法がいかなる原理に基づいてなされねばならないかということは、恐らく本期における仮名遣の根本問題であったと考えられる。その場合、仮名遣を規定する一の立場は、古人の先例に準拠して、みだりにこれに違背しないということである。普通にこれを歴史的仮名遣と称している。他の立場は、文字と言語との間に存する関係を明らかにして、その理論に基づいて仮名遣を規定しようとするのである。前者に対して、これを理論的仮名遣ともいうことが出来るであろう。歴史的な立場といえども、もしそこに理論を認め、それによって古人の仮名遣を是認し、もって仮名の記載法を規定しようとするならば、歴史的立場はすなわち理論的立場であるということが出来る。次に本期における仮名遣問題の経緯を述べることとする。

平安朝初期において、既に歌語のあるものについて、その記載法に疑問が起こって来た。『喜撰和歌式《きせんわかしき》』によれば、「ぬばたま」「むばたま」の二の記載について、

髪をば、むばたまといふ。夜をばぬばたまといふ。

という風に区別し、「む」「ぬ」の別を髪と夜と二の語の意味の相違に聯関させて考えた。これは語とそれの記載の間には意味的な聯繫があるという考え方によるのである。天徳四年〔九六〇〕の歌合《うたあわせ》の判においても、この記載法に問題があり、『綺語抄』『奥義抄』『和歌童蒙抄』『仙覚抄』など、みなこれを問題とし、それらの仮名遣決定の基準についても必ずしも一様でなかった。[6]

〔鴨〕長明《ちょうめい》の『無名抄《むみょうしょう》』「仮字《かな》書事」の条下には、別の仮名記載に関する注意が述べられている。すなわち入声《にっしょう》、撥音《はつおん》などの漢字の仮名書は、これを省略して文字に記さず、喜撰は「きせ」と書くべきであるというような注意が述べられている。

定家の『下官集《げかんしゅう》』（赤堀編『語学叢書』に収む）には、「書始草子事」「嫌文字事」「仮名文字かきつくる事」「書謌事」「草子付色々符事和漢有」などの種々なる記載法に関する事項が述べられて居って、そのうち「嫌文字事」の条は、後世の仮名遣書の源始的形態を備えたものであるということが出来る。『下官集』における「嫌文字事」の一項が、行《ぎょう》阿《あ》の仮名遣に発展する過程に関しては、吉沢義則博士の研究がある（「定家の仮名遣」大正十年五月『芸文』、『国語国文の研究』に収む）。定家仮名遣書の伝本五種について調査せられた吉沢博士に従えば、まず定家の仮名遣は、

一を　二お　三え　四ゑ　五ひ　六ゐ　七い

以上、七種について規定したもので、これに「ほ」「わ」「は」「む」「う」「ふ」の六項を加え、かつ語例の数を増補したものが行阿の仮名遣である。ただし、定家と行阿の仮名遣は、単に原本と増補本との関係でなく、仮名遣規定の標準の上に相違が認められるというのである。かくして博士は、定家《ていか》仮名遣《かなづかい》をもって古人の慣例によった一種の不完全な歴史的仮名遣であるとされ、これに対して行阿の仮名遣は、四声《しせい》と慣例との二元的標準に拠ったものと解釈された。

山田孝雄博士はこれに対してまた別の解釈を下して居られる。定家の仮名遣は、厳密

にいえば異論があるが、歴史的典拠であると信じたものによって仮名遣を規定したものであることは定家も明言している。そして行阿の仮名遣はいかなる主義によったものであるかは、本文中には明言していないが、同語源の語について、「お」「を」を書き分けていることがあるのによって、後世これを四声によって書き分けたものであろうという推定が下された。しかしながら以上のような推定の下され得るのは、実は定家の規定した八項目の中に存するので、行阿の増補したものの中には見当らない。よって行阿の仮名遣は定家のそれと同様に古来の慣用例を標準としたものであって、古語を無視したものであるというのは当らないことであるとされた(『国語学史要』第七項)。

山田博士の解釈は、定家・行阿の仮名遣をもって慣例を重んじたものであるとされて、明治時代の国語学史の所説を是正されようとしたのであるが、問題はただそれによって解決されたであろうか。なるほど定家は自ら「旧草子を見て之を思ふべし」というように、古人の用例によったことを明らかにし、行阿もまたこれを踏襲したとするならば、本質的に見てそれらは契沖の古典準拠の仮名遣と精神を同じくするものである。ただ異なるところは、定家・行阿の準拠した古典と、契沖のそれとが相違するのみであるということになる。しかしながら我々の明らかにしなければならないことは、定家・行阿の準拠した古人の仮名遣がいかなる理法によったものであり、また、仮名遣はいかなるものであるかということに対する定家および行阿の考え方である。すなわち定家・行阿の仮名遣観の問題である。私はこの一点において定家・行阿の仮名遣と、契沖のそれとの間に、明瞭な一線を劃することが出来ると思うのである。

今これを近世における仮名遣観の側から考察してみよう。近世における仮名遣観においては、仮名は元来、発音の標識として記載されたものが、後に音の変化と文字の固定によって乖離を生じ、仮名遣は固定された仮名を踏襲するものであるという見解のもとに、古典への準拠が主張せられたのである。しかるに定家ならびに行阿の仮名遣には、以上のような見解に基づく古典への準拠が考えられたのではない。それならば定家・行阿は仮名遣に対していかなる考えを持って居ったのであろうか。『行阿仮名文字遣』の序文を見るに、

加之、行阿思案之するに権者(弘法大師)の製作として真名の極草の字を伊呂波に縮なして文字のすくなきに、いゐひ、おを、えゑへ同読のあるにてしりぬ。各別の要用につかふべきいはれを。

右の序文で知られることは、行阿が、古来の仮名遣において、同読の文字の存在する

理由を忖度《そんたく》して、弘法大師の深慮に出でたものであるとしたことである。たとえ無条件に古人の用例に準拠したとしても、それがいかなる理由によって書き分けられたものであるかということに対する疑惑が存在したことを想像し得るのである。そしてその権者の仮名制作の真意を探求することが、やがて仮名遣規定の基準ともなると考えられたに違いない。定家が同語源の語に対して「お」「を」の書き分けを認めたのも、単にそれが、定家時代以前から存在していた習慣であるという理由からだけでなく、そこに定家の弁別が含まれていると認めなければならないと思うのである。『下官集』には「愚意分別之」、あるいは「非㆓師説㆒、只発㆓自愚意㆒」ということが書かれてあるのは、仮名遣に対する道理を弁別したことを意味し、「旧草子を見て之を思ふべし」ということは、自己の弁別を権威あらしめるところの手段であったと考えなければならないのである。

かように見て来るならば、表面は古人の用例に準拠するところの定家・行阿の仮名遣の根柢には、仮名はある理法によって記載されねばならないものであり、古人の仮名用法は、かかる理法に基づいてなされたものであり、従って我々はそういう意味において古人の仮名遣を是認し、またこれに準拠するのであるという考えが存するものと推定されるのである。仮名遣の研究ということは、畢竟《ひっきょう》かかる仮名に関する理法の探求にあったと解釈することによって、さらに転じて定家・行阿以前および以後の歴史的過程を眺めるならば、その自然の発展過程であることを認めることが出来るであろう。定家以前の仮名遣研究にこの傾向が存在することは既に述べた。定家・行阿の後に出でた仮名遣も、まさにこの仮名遣の理法の探求にほかならなかったのである。京都大学所蔵の『行《ゆき》能卿《よしきょう》仮《か》名遣《なづかい》』の序にも、

　このうちに同じ声の字有事は凡慮のわきまへ難き処なり、いづれもかくべつのよう〳〵につかふべきことをかねて権者の記し置き給へり。此故ぞ仮名遣は皆いろはになぞらふべき。

と述べてあるが、これによっても仮名遣の理法を探求するということと、古人の用例に準拠するということとは矛盾したことでなく、むしろ古人の用例が理法にかなうがゆえに、これに従うべしという規範的意識が現れて来るのである。契沖の仮名遣は、後にも述べるように、古典の仮名遣に条理統一を発見し、条理統一のあるところに規範を認めたのであって、その点、本期の仮名遣と本質的に異なるのである。同じく京都大学所蔵『姉ケ《あねが》小路《こうじ》仮《か》名遣《なづかい》』にはまた別の理法が示されている。例えば、

　ゐ、下のひらき(「ひらき」とは活用の変化をいう)なき文字に書、たとへば位、魂

ひ、ひをいと読む時は訓によむ時は皆ひなり。是は中にいふひ也。鶯、平、恋し
又下のひらきあまたの字は皆ひなり。払ひ、衰ひ

ほ、ほの仮名ををとよむ文字は音をはねて読文字は皆ほなり、塩しほ、ゐん。菴い
ほり、あん。顔かほ、がん

このように同読の仮名の存在理由を仮名の位置、音訓の別、活用の有無などによって説明しようとしたのである。これらは独断的な解釈というよりは、権者の深慮が奈辺にあるかの忖度から生まれたものである。そしてこの態度は、同様に定家・行阿の仮名遣の根柢にもあったものと認めなければならない。このように見て来るならば、長慶《ちょうけい》天皇の定家仮名遣に対する御批判のよって来たるところも首肯出来ると思うのである。

以上、述べたところの仮名遣説は、仮名遣が混乱して久しくなった時代に成立した文献を対象として、それを合理的に解釈しようとした結果現れたものであって、これを総じて理論的仮名遣と名づけることが出来るであろう。これに対して僧成俊は、『万葉集』の研究から、古代文献に存する仮名遣が当代のそれと異なることに着目し、やがて契沖に至って新しき仮名遣観のもとに復古仮名遣説が樹立されることになるのである。

ここに一言、仮名遣ということが国語研究の一領域となるべき理由について述べて置

きたいと思う。仮名遣は元来国語を記載するに際しての仮名用法を意味するので、言語の表現技術に属することである。しかしながら、このような技術を規定するためには、言語と文字との関係に対する考察を前提としなければならない。仮名が国語のいかなるものを表現しているかの事実を、起源的にも、また体系的にも精査することによって始めて仮名表現の技術を規定することが出来るのである。そういう意味において、技術論である仮名遣は、必然的に言語の学問的考察をその中に含むものである（論文三二参照）。

三　「てにをは」の用法を明らかにすること

歌学ならびに連歌作法において使用せられる「てにをは」の名義、そして国語学上の術語として使用せられる「てにをは」の内容を明らかにするためには、まず「てにをは」の名称がいかにして成立したかを考えなければならない。「てにをは」の名称は、もと漢文訓読の際に使用された点法に由来するものであることは一般に認められている。吉沢博士に従えば、「てにをは」は、「てにをは点」の名称より出たもので、「てにをは点」は「仮名点」に対する「星点」の総称であった。「てにをは点」は、やがてその点によって代表される助辞類の総称となった（「乎《を》古《こ》止《と》点《てん》概要」）。

かくのごとく、「てにをは」は漢文訓読上、漢文に無くして国語に存する語を読み添える必要から、それらの語を「てにをは」と称するに至ったのであるから、国語の品詞的分類に基づく名称ではない。その点、平安朝歌学に使用された休字《やすみじ》、助字《たすけじ》、発語《ほつご》などの術語が多少なりとも、その語の文中における職能を意識することによって作られたのとは異なるものである。しかしながら、読み添えられた語のあるものが、後の品詞的分類の助詞と合致するところから、国語の語性に対する認識を喚起する機縁となったことは事実であろう。「てにをは」の名称が国語の語の類別に使用された時でも、それは「漢文訓読におけるいわゆる、てにをは」の意に用いられたものと解される。(7) しかるに「てにをは」の名義が歌学に借用されるに及んで、それが国語の品詞的分類の術語として使用されるよりは、和歌における表現上の価値の点から考察され、さらに進んで語と、語に関する法則的なものを称するように変化した。厳密にいうならば、語と、語に関する法則的なものの総称となったのである。このように「てにをは」の名称が、語そのものを指すために用いられるよりも、主として語の用の方面に用いられたということは、従来あまり注意されなかったことであって、しかも「てにをは」研究史を明らかにするには重要な点である。これは「てにをは」の名義が、修辞を眼目とした歌学の中に育まれて来たためであろうと考えられる。

『八雲御抄』の「てにをはの事」の条に述べられたことは、従来、歌病《かへい》説において取り扱われた修辞上のことを、「てにをは」の名称を借用して説明したものである。すなわち「てにをは」の「違ひ」「さしあひ」「続けざま」あるいは「はゞかる文字」という風にもっぱら語の用の方面を論じたので、本体は歌病説ないしは修辞上のことである。かくのごとく歌学の内容の説明に、「てにをは」の名義を借用した結果、「てにをは」の内容が次第に変化を受け、あるいは限定されて、「てにをは」といえば個々の語の品詞的名目というよりも、その語を包含したところの修辞上の名目のように考えられるようになった。

世にいわゆる定家の『手爾葉大概抄《てにはたいがいしょう》』(8)は、偽作と考えられ、「てにをは」内容の展開を考定する確実な資料とはなし難いものであるが、宗祇《そうぎ》の註が存在するところから見て、それ以後のものではなく、また『八雲御抄』の「てにをは」の内容に比してさらに詳細になり、かつ「てにをは」そのものの本質についての規定を見ることが出来る点において、『御抄』より後のものであることは推定し得られると思う。本書においては、まず「てにをは」を漢文の助字に比較し、「手爾葉者唐土之置字也」といい、さらにその職能について、「似レ之定二軽重之心一、音声因レ之相続、人情縁レ之発揮也」と述べている。次に「てにをは」と他の「詞」とを比較して、「詞如二寺社一手爾葉如二荘厳一」と比喩をもってそれらの区別を説明している。これは「てにをは」の語性上の説明であるが、きわめて注意すべき比喩である。ここにおいて「てにをは」は「詞」と対立して考えられ、しかもそれには次元上の相違のあることが認められているのである。

この考えは、中世における「てにをは」の語源説にも現れ、「てにをは」は「出葉」であるとし（『春樹顕秘抄《しゅんじゅけんぴしょう》』）、その葉によって、いずれの木ということを知ることが出来ると考えた。この説の当否は別として、「てにをは」の意味の説明にはやはり次元的相違が考えられている。樹木と、その樹木の何たるかを標識するものは同一次元のものではないのである。この思想は江戸時代に及んで、本居宣長が、「てにをは」をもって玉を貫く緒にたとえ、衣を縫う技に比し、また鈴木朖《すずきあきら》が、「てにをは」をもって「心の声」であるとして、物をさしあらわす他の語と対比していることにも現れているのであって、国語学史上きわめて重要なまた顕著な思想である。私はこれらの思想に基づき、「てにをは」と他の語との関係を、包むものと包まれるものとの関係と考え、志向作用と志向対象の関係をもって説明し、なおその語の構造上の相違を明らかにして語法研究の基礎理論とした(論文一九、二〇、二一、二二参照)。

以上のような「てにをは」の本質の規定を総論として、本書は「てにをは」の用に関することを主として述べている。『春樹顕秘抄』以下中世に成立した「てにをは」秘伝書の一群を見るのに、みなその内容は大同小異であるが、これを次の三点に要約することが出来る。

一、単独の「てにをは」　例えば、「や」の字の事、「か」の字の事など

二、呼応の関係　例えば疑問の辞に対する「らん」「けん」の結び、「ぞ」「こそ」に対する「う」の通音、「え」の通音の結びなど

三、歌の留り、切れ　例えば見ゆ留め、頃どまり、上の句に切るる処ある歌など

かくしていわゆる「てにをは」なるものは、歌語の品詞的認識を目的としたものでなく、和歌の言語的修辞に関する事項を総括した名称であったと考えて差し支えないと思う。かくのごとき「てにをは」に対する考え方は、そのまま近世に継承され、宣長の『詞玉緒《ことばのたまのお》』の研究のごときも、その根本はこの「てにをは」内容を出なかったものである。「てにをは」の名義がただちに国語の品詞的分類の名目に用いられずに、和歌の修辞上の名目として使用されたことは、国語の科学的研究を主体として考えるならば、

はなはだしい廻り道のように考えられもするのであるが、しかしながら、「てにをは」を和歌の表現に即して考察して行ったことは、「てにをは」の本質を明らかにするにはむしろ幸いな道程であったと考えられるのである。

「てにをは」の内容の発展を考察するには、連歌作法における「てにをは」の考察を忘れてはならない。和歌において「てにをは」が論ぜられた当初においては、その内容はむしろ歌病説あるいは和歌の修辞に関することであった。しかるに「てにをは」秘伝書群に見える留り、切れの問題が、連歌において最も重要な問題であったことを考えるならば、「てにをは」書の成立に連歌の作法が影響を及ぼしたのではないかという想像も可能になって来る。

二条良基《にじょうよしもと》の『連理秘抄《れんりひしょう》』『筑波問答《つくばもんどう》』、宗祇の『吾妻問答《あずまもんどう》』などを見れば、「てにをは」は音の重複さしあいの問題でなく、前句後句の思想を結ぶ重要な要素である。良基が、「てにをはは大事の物なり。いかによき句も、てにをはたがひぬれば惣《すべ》てつかぬなり」(『連理秘抄』)と言っているのはそれである。また一方に「てにをは」は切字《きれじ》として取り扱われた。これはすなわち思想の完結を表わすところの語として重要である。連歌の発句は、その想において、またその形式において完結し、独立していなければならない。

ここに完結を表わす語が「切字」として取り上げられたわけである。宗祇の『白髪集《はくはつしゅう》』中「発句切字十八之事」の条を見ても、その分類の詳密、その説明の詳細であること、そしてこれらの研究が連歌作法それ自体の要求によって生まれたものであることは明らかである。〔里村〕紹巴《じょうは》が本書に奥書して、「出葉（てにはの意）分別、至宝可謂歟」と述べているのを見ても、連歌における「てにをは」研究の意義、「てにをは」内容のいかなるものであるかを知ることが出来る。特に国語学史上、特記すべきことは、国語の独立した想の表現に、完結を表わすところの語が必要であることを認めたことである（論文二二一第三項bにおいて、私はこの思想を発展せしめて、完結形式を表わす語の存在を文の条件と考え、従来の文の定義に新しい要素を加えることを試みた）。

二　漢字漢語の学習ならびに悉曇学

古語の解釈あるいは古語による思想の表現ということが、言語の研究を促す大きな動機となったことは、既に述べて来たのであるが、これらの動機と相並んで、外国語との接触ということが、国語を自覚反省せしめる重要な動機となったことも忘れてはならない。国語が外国語と接触した事実は、古く韓語および漢字漢語の輸入があり、梵語の混入があり、下って西欧諸国語すなわちイスパニヤ、ポルトガル、オランダの諸語、近代に至っては英仏独などの諸語があり、江戸時代においては、多くのシナ近代語が輸入せられた。これら諸外国語が国語に影響を及ぼした事実、例えば、国語が漢字によって記載され、やがて仮名交り文が成立したような事実、あるいは近代ヨーロッパ諸言語の影響によって言文一致体が生まれたような事実は、国語史上の興味ある研究題目であるが、また一方、外国語との接触混淆によって国語の学問的研究が促されるに至ったことも著しいことである。それは外国語との比較対照によって、より明らかに国語の真相が自覚されることもその一つであり、また外国語の研究をそのまま国語の上に移してみようとすることもその一つである。

特に漢字漢語の輸入とそれに伴う学習について注意すべきことは、漢字漢語はその当初もっぱら外国語として学習され、また研究されたのであるが、国語が漢字によって記載され、国語が多くの漢語をその語彙として受け入れるに及んでは、漢字漢語の研究は、同時にまた国語の研究を意味することになったことである。解釈に伴う語学および表現に伴う語学が、たとえ純粋の大和言葉を研究の対象として居っても、なおそれは特殊の階級、特殊の教養人のためのものであるに過ぎなかった。しかるに漢字漢語の研究は、対象そのものは起源的には我が国固有のものではないが、既にそれが社会の広い範囲の使用するところとなった場合には、漢字漢語の研究は、すなわち最も一般的な国語研究を意味することとなるのである。近世の国語研究は、その対象を純然たる固有の国語の上にとり、漢意を排斥する立前から、むしろそのような研究を拒むように見えたのは当然のこととはいうものの、国語研究ということを考えるならば偏狭と言わなければならない。将来の国語研究は、漢字漢語の輸入混淆ということを国語の現実の事実として、これを科学的に考察することを怠ってはならないのである。

今、漢字漢語と国語との接触より起こった国語研究を次の順序に従って述べようと思う。

一は、漢字漢語の輸入に基づく国語に対する自覚。

二は、漢字漢語学の原理による国語の観察。

三は、漢字漢語を国字、国語として包含するところの国語の研究。

第一の国語に対する自覚の事実は、まだ研究とはいい難いものであるが、既に推古期の遺文に現れた国語の記載法を見ても、漢語に存しない国語の部分、例えば敬語のごときものを表わすに苦心した跡を窺うことが出来る。記紀万葉、祝詞、宣命《せんみょう》などに見られる種々なる用字法は、国語の特質に対する自覚なくしては成立し得ないことである。『古事記』の編者が、漢字の用法について、それが国語の表現効果に一得一失の存することを述べているのは、必ずしも『古事記』の編者のみが注目した事実ではなくして、当代一般に問題にされた事柄ではなかろうか。(9)『古事記』の序文には、ただ漢字を用いて国語の音を表わすか、意味(訓)を表わすかの問題が論ぜられているが、なお『万葉集』、祝詞、宣命などの記載法を見れば、そこには、漢語に存しない国語の特殊なる語の範疇が意識されている。これらの語は、漢字をもって国語を記載する場合、あるいは漢籍を読む場合には特別な注意をもって書き加えもし、読み添えもしなければならなかったものである。『万葉集』巻十九、大伴家持《おおとものやかもち》の「詠霍公鳥歌二首」の下に註記して、

毛能波三箇辞闕之

毛能波氏爾乎六箇辞闕之

とあることによって、それらの語を辞と呼んで特殊な取り扱いをしていたことを知るのである。宣命書に現れている大字小字の別を見ても、それらの区別の意識の存在したことを知り得るのであるが、もとよりこれらの分別記載法は、国語における語性の研究の

上から、特に区別をしたのではないから、これを品詞的分類と同一に視ることは出来ない。ただここに存して彼に無きものとしてのみ意識せられたに過ぎないのである。

元来、国語の記載法の正式なものは、漢文であったと言われるので、この原型が次第に国語的に崩壊して行くところに、『古事記』、『万葉集』、祝詞、宣命などの記載法が現れて来るのであって、この崩壊過程に、国語に即していえば国語的記載法の成立に、与《あずか》って力があったと考えられるのは、漢文の訓読の形式であったであろう。漢文に加えられた訓点の形式が、やがて国語の記載の場合にも試みられたと想像されるのがいわゆる宣命書である。この推定は、訓点を施した実例を示す文献が平安朝初期以上に溯れないのに反して、宣命書の実例が既に奈良朝に存することから、あるいは疑われると思うのであるが、訓点法は既に奈良朝において成立していたと考えられる証拠も[10]存在するのであるから、以上のような推定も可能なわけである。以上のように考えて来るならば、宣命書の成立は、国語の語性の類別に基づいて出来たと考えるよりも、訓点の形式に倣って国語を記載したものであって、その間に次第に国語の品詞的類別を意識させたことはあったとしても、それが第一義的のものではないはずである。それは後世の仮名交り文の形式からも推定されることである。例えば『三宝絵詞《さんぼうえことば》』上における（古典保存会本によ

る)、

我ヵ尺迦大師凡夫ニ伊坐セシ時ニ

今マ王宮ノ内ニ生レテ五欲ヲ厭ヒテ父ヲ別カレ

のごとき記載法を見るならば、必ずしもそれが語性の認識に基づいて記載されたものではなくして、訓読の形式による国語の記載法であったことが知られるであろう。宣命書もまたこれと本質を異にするものではない。何ゆえにこのような煩瑣な形式を用いたかというならば、恐らくは国語の記載法が漢文の形式をもって正則と考えたがためであったろうと想像されるのである。

このようにして国語と漢文との接触によって、漢文に存在しないもので国語に存在するものが意識されて、ここに「てにをは」なる概念が成立するに至るのである。「てにをは」の意義は、既に述べたように、語性に対する意識を示すものでなくして、訓読の際に書き加えられるところの語の意味である。従ってそれは漢文に加点せられる語の意味から、また単に点とも呼ばれたのである。従って「てにをは」なる名称は、漢文を主体とした名称であったが、これが後に歌学の修辞上の事実を説明するために借用せられるに至って、その概念内容が著しく変化して来た。漢文訓読における「てにをは」は、たとえその内容が漠然とはして居ったが、主として語それ自身を指して居ったのであるが、歌学上の名称として用いられるに至っては、むしろそれは、それらの語相互間の法則的なものを意味するようになった。それらについては、既にハの第三項に述べた。

第二の漢字漢語学（悉曇《しったん》学をも含めて）の原理による国語の観察は、あたかも今日欧米の言語学説によって国語の事実を説明しようとすることと同じであって、反切《はんせつ》法の応用である仮《か》名反《ながえし》の方法による語の成立の説明、悉曇学の知識すなわち五音相通、同韻相通の理による語義の解釈などに見ることが出来る。仙覚の万葉集解釈の根柢に、悉曇学の知識のあったことは既に前項に述べた。これら外来語学の影響の中、特に五十音図（古くは五音図という）の成立したことは注意すべきことである。五十音図の成立の由来およびこの図の用途については学者間に異論が対立しているが、この図が国語音の組織的統括を試みたものであることは間違いないことである。そしてこれらの組織が要求されるようになった理由は、漢字漢語の学習、悉曇音の学習ということが必要とされたからである。大矢透博士は、『音図及手習詞歌考』において「当時国語音を悉曇に合せて、其の次第を逐ひて、排列せるものなることは疑ひ無きなり」と述べて、悉曇音韻排列法を国語音の排列に適用したものと考えられた。しかるに吉沢〔義則〕博士は「五十音図に当てた漢字の音には、当時の国音になかつた識別が行はれて居ることを認めなければならぬ。即ち我が国人が用ひてゐた仮名では、表はすことの出来ぬ筈の音が、五十音図に於いては、或る漢字によつて表はされてゐることを認めなければならぬ」(「音図及手習詞歌考を読む」)と述べられ、音図記載の漢字音は、当代のシナ音すなわち唐音であり、かくのごとき音図の目的は、唐音に通じた人が、悉曇音を記憶するためか、しからずば、悉曇を心得た人が漢字音を誤らないためか、いずれにしても心覚え程度のものであったろうと述べていられる。これらの説に対して山田孝雄博士は、五十音図は日本人の創意に出たものであり、漢字音の反切を説くためのものであるとされた(『国語学史要』第五項)。

第三の漢字漢語を国字国語として包含するところの国語研究。漢字漢語を外国語として学習した事実は、恐らく輸入以来、シナとの交通の頻繁に行われた平安朝初期にまで及ぶであろう。忌部広成《いんべのひろなり》が大同年間(八〇六―八一〇)に当代文化の拝外的傾向を憤って、特に我が古語古伝を強調したのは、その反動的一面を物語るものであろうが、桓武天皇の外国文化御奨励の結果は、漢字漢語の学習の強化に関する数度の詔勅を見るに至った(11)。それは既に国語化しつつあった漢字音を、当代シナの標準音である北方音に改めようとする努力の現れであった。それらの新しい字音はやがて国語化して、国語の字音に新しい要素を加え、呉音、漢音、唐音などの並立現象が生じて、漢字音の重層性という国語史上の一つの興味ある問題を提供するようになった。

さてこれらの新字音の学習ということは、もとより国語としての研究でなく、もっぱら外国語としての学習であった。当時大学において、字音の学習ということが、基礎学科目として明経《みょうぎょう》の徒に課せられたのであるが、それは独立した一の学問としての学習ではなく、もっぱら転経唱礼もしくは漢籍講読の準備門としての任務を持ったものであることは、当時の音博士の官制上の位置によってもこれを知ることが出来る(『令義解《りょうのぎげ》』職員令大学寮)。かくのごとき外国語としての字音の学習は、シナとの交通の杜絶《とぜつ》と、字音の国語化の自然の趨勢に抗し兼ねて、次第に衰え、大学の音博士は有名無実の卑賤の官となってしまった。また留学僧や帰化人について実際に学習する機会は絶えてしまったが、書籍の上で理論的にこれを学習するということは依然として行われ、むしろその趨勢は次第に濃厚になって来た。このような外国語としての学習の衰退は、一面において漢字漢語が国語の一要素として取り扱われるようになったことを示すものである。字音の制定、字音仮名遣あるいは字書の編纂がこの間に起こって来た。

字書の編纂

『篆隷万象名義《てんれいばんしょうめいぎ》』――空海《くうかい》の編するものであって、本邦人制作の漢字書として最も早く現れたものである。漢字の篆書《てんしょ》と隷書《れいしょ》(楷書をいう)を並べ抽記して、反切によってその音を註し、その名義を説いたものであるが、これは純粋のシナ式字書であって、いまだ国語との何らの交渉をも認めることが出来ない。

『新撰字鏡《しんせんじきょう》』――醍醐《だいご》天皇の寛平昌泰年間に釈昌住《しょうじゅう》の編するもの。その組織は、文字を偏旁によって輯《あつ》め、反切による音註と、四声の別、字義の説明、および国語の対訳を万葉仮名をもって附記し、なお本邦制作の漢字を摘出するなど漢字を次第に国語の一要素として取り扱う傾向を示している。

『類聚名義抄《るいじゅみょうぎしょう》』――その組織に幾分の相違はあるが、大体『新撰字鏡』と同じ主旨に基づいたもので、字音と対訳の国語が片仮名で記されていることは、いっそう国語との密接な交渉を示したものということが出来る。本書の成立年代については、伴信友《ばんのぶとも》の菅《すが》原是善《わらのこれよし》著の説があるが、今、岡田希雄氏の説に従い、『新撰字鏡』以後のものとして述べた(『芸文』第十三年、「類聚名義抄に就いて」)。

『和名類聚抄《わみょうるいじゅしょう》』――以上は漢字の字形によってその字音、字訓、字義を知るためのものであるが、さらに語を主とした辞書も出来た。『和名類聚抄』（単に『和名抄』ともいう）はそれである。『和名抄』以前において、漢語の対訳辞書として出たものに、『楊氏漢語《ようしかんご》抄《しょう》』『弁色立成《べんしきりっせい》』『本草和名《ほんぞうわみょう》』などがある。『和名抄』はこれらの辞書の流れを汲むものであって、漢語はもちろん、本邦古典に散見する和製漢語、あるいは国語にして漢字によって記載されたもの、要するに漢字面を持つ語を摘出して、その語の音、語義、出典、それに国語の対訳を万葉仮名をもって附記したものである。対訳の国語の中には編者の創作したものもあることが想像されるが、また対訳を必要としないもの、すなわち漢字音のままに通用しているものには、別に国語を充てることをしなかった。本書は漢字記載の文献を読解する便宜のために編せられたものであって、これを『和名抄』という所以《ゆえん》は、作者　源　順《みなもとのしたごう》が醍醐天皇の皇女勤子内親王の仰せを蒙って、漢語に対する国語を示すことを主眼としたためであろうと考えられる。当代における婦人の教養と漢語との関係から見れば、右のように想像されるのであって、必ずしも『和名抄』の名称が、国語に対する自覚を意味したものとは考えられない。

『下学集《かがくしゅう》』――室町時代に成る『下学集』も、これと同様の目的の下に著されたものではあるが、ここには漢語はもはや対訳の対象となる外国語ではなくして、国語の一要素として取り扱われ、純粋漢語と和製漢語ないし漢字面を持つ国語との間に区別を立てようとする意図は見られない。

次に、国語を記載する側からの要求に応ずる辞書も現れた。漢字漢語は、万葉時代から国語の記載には欠くべからざるものとなった。平安朝に入って、仮名が創造されて仮名専用文が成立したが、それはある一部の社会の使用に限られて居って、一般の実用には漢字漢語を交えて国語を記載するということが次第に盛んになって来た。これらの漢字記載の便宜のために使用されるものは、国語に相当するところの漢字漢語を求めるところの辞書である。平安朝末期には、『世俗字類抄《せぞくじるいしょう》』『色葉字類抄《いろはじるいしょう》』が成立し、室町時代には『節用集《せつようしゅう》』があらわれて、一般階級の日常の要求に応ずるようになった。その組織は、求めるべき主体となる国語をいろはの順に従って排列し、「いの部」「ろの部」などの中をさらに「天地」「人倫」などの部門に従って細別し、当該国語に相当すべき漢字漢語をそこに所属せしめている。

以上のごとき字書あるいは辞書は、国語が漢字をもって記載され、また国語を漢字をもって記載するという実際問題から必然的に生まれて来たもので、記載のための検索に便するためもあり、また読書の理解のためでもあった。これら字書、辞書の成立は、国語と漢字漢語との接触、あるいは国語への漢字漢語の流入混淆という現実の事実に基づくものであって、漢字漢語が国語の要素となって来た事態の反映というべきものである。字書、辞書は、言語的実践を成立させるところの技術に属するものであると同時に、また言語を抽象的に、帰納的に整理組織したものであるから、これを国語学上の一の研究業績とすることも出来る。従って字書、辞書の編纂は、単に文字や語を登録することに目的があるのでなく、右のような実践を達成させるところに目的があるのであるから、字書、辞書についての観察や分類も、この実践の相違に従ってなされねばならない。読むためのもの、書くためのもの、あるいは漢字を読み書きするためのもの、仮名を読み書きするためのものなどに分れるのである(論文三二参照)。

字音の制定、字音仮名遣

平安朝初期における字音の学習は、もっぱら外国語としてこれを学習したのであって、当時既に国語化した字音と相並んで、外国音としての字音が存在したことは明らかである。経文中に、務めて原音のままを表記したと推定される漢字音の註記と、純粋の国語を記載するに用いられた漢字の仮借的用法の字音とを比較すれば、これを知ることが出来る。国語を記載する場合には、「貴」は「キ」の音の表記に用いられているが、経文の傍註によれば、「貴」は「クヰ」である。このようにして漢字の国語化の程度の差などに従って、ここに漢字音の重層性という現象が現れて来た。すなわちシナ本国においては、歴史的変化によって前代の字音は、次の時代には消滅するのであるが、我が国においては、これらを次々に異なった字音として輸入した結果、一字に対して二ないし数音が並存して保存されることとなったのである。漢字音の直接伝授の道が杜絶して、もっぱら書籍の上で理論的に字音を考定するようになって、ここに字音の考定の方法ということが問題になって来た。シナにおいて字音を表記する主な方法は反切《はんせつ》法である。我が国においては、この反切法に基づき、五十音図を利用して、仮名反《かながえし》なる方法を案出するに至った。平安朝末期に成立した明覚《みょうがく》の『反音作法』、あるいは『文字反』(『語学叢書』所収)のごときはすなわちそれである。反音法は五十音図を利用して、反切の上字下字によって与えられた文字の音を導き出すのであるが、種々なる手段方法の反切法が工夫された。それは字音の帰納に音節字である仮名を用いた結果である。近世に入って、『韻鏡《いんきょう》』の真価が認められるに及んで、字音の決定は、従来の五十音図に基づく不完全な仮名反法を脱却して、『韻鏡』における所属によって決定するようになった。

第二期　元禄期より明和安永期へ

イ　上代文献の用字法の研究

用字法の研究が、上代文献の解釈、なかんずく上代言語の再構成の前提作業であることは、既に仙覚が認めたことである(『仙覚律師奏覧状』論文八、九参照)。仙覚は用字例を、一「真名仮名」、二「正字」、三「仮字」、四「義読」の四種に分類し、万葉の字面を、音声にあるいは意味に還元するための用意とした。万葉用字例の分類ということは、万葉人がいかなる記載の目的をもって文字を使用したかを探索して、文字を言語に還元する方法とすることである。本期に入って、用字法の研究は、まず契沖の『万葉集註釈』の中で考察された。

契沖の研究――契沖の用字法研究は、これを初稿本精撰本両『代匠記《だいしょうき》』中に見ることが出来るのであるが、契沖の分類が後世に影響を与えたのは、初稿本に示されたものであって、例えば春登《しゅんとう》の『万葉用字格《まんようようじかく》』には、その正訓義訓の名目が踏襲されている。精撰本の用字法研究については森本治吉氏の解説があるゆえ、今これを省略する。[12] 初稿本には、正訓、義訓、真名仮名、和訓仮名の四つに、さらに特殊な記載法として、仮名反《かながえし》、例えば吉野爾在(ヨシノナル)のごとき方法のあることを指摘した。右の用字法の中、真名仮名の用法については、さらに別個に詳細な研究を試みている。それは、漢字の表音的借用から、それが表わす国語音に還元するために、それぞれの表音漢字を、後世の仮名に書き換えるところの作業である。形式的に見れば、表音漢字の訓点施行であって、契沖の『代匠記』の訓点研究中、最も基礎的な部分であったのである(論文一〇第三項参照)。これらの研究は、『万葉集』の註釈の中において試みられたのであるが、また『正《せい》語仮字篇《ごかなへん》』『和字正韻《わじしょういん》』の二著の中にまとめられている。これらの研究において、契沖は細心の注意をもって、「既」はキかケか、「延」はエかヱかの吟味を行った。このような漢字の訓点の研究は、さらに根本に溯って字音仮名遣の方法、あるいは後世の平仮名、片仮名の発達についての研究をも派生させたが、すべてが究極の目標である『万葉集』ないし上代文献の解釈のためのものであったことは注意すべきことである。

新井白石の研究――かくのごとき用字法に対する関心は、新井白石の上代史研究の中にも見ることが出来る。『古史通《こしつう》』読法凡例によれば、白石はまず古書の用字法の由来を明らかにし、その用字法に立脚して古語の意味を求めようとしたのである。「本朝上古の事を記せし書を見るには其義を語言の間に求めて其の記せし所の文字に拘《かか》はるべからず」とあるのは、上古の用字法に、漢字の義を捨てて、声音を借用した方法のあることを指摘し、解釈もまたそれに従ってなされねばならぬことを注意したものである。宣長も『古事記伝《こじきでん》』中にしばしば右に類する注意を述べている。以上のような用字法の吟味による古語の解釈ということは、中世における煩瑣な、しかも言語の主体的意識というものを無視した、恣意的な解釈に対する反動であって、古語の主体である古人の用字意識から出発しようとしたものであることは注意すべきことである。

本居宣長の研究――宣長の研究は第三期に詳説するつもりであるが、用字法の研究は、彼の上代文献の研究、すなわち『万葉集』の研究を階梯として、『古事記伝』を頂点とする研究に附随して居って、彼の中古文献の研究とは自ずから別系統をなすところの研究であるから、今、便宜上ここに述べることとする。宣長の『古事記伝』の総論を見れば、いかにその註釈の根柢において、上代文献、特に『古事記』の用字法に対する考察が深められているかを知ることが出来る。総論中、「文体の事」「仮字の事」「訓法の事」などの条は、すなわち用字法の全般に亙る考察であり、実に『古事記伝』の訓法は、この用字法研究の上に築かれたものである。この用字法研究の中、清濁による用字の差別、また同音と考えられながら、語によって用いる仮名を異にするという現象、例えば「子」の意味のコには古の字のみを用いて許の字を用いないというようなことの発見は、その門弟石塚竜麿《いしづかたつまろ》の『古言清濁考《こげんせいだくこう》』『仮名遣奥山路《かなづかいおくのやまみち》』に継承せられ、現代に及んで橋本進吉博士の上代における特殊仮名遣の研究の源流をなしたことは注意すべきことである。

『古事記伝』総論に見えた用字法の分類は次の通りである。

一、仮字　　義をばとらず、音のみを借り用う

二、正字　　字の義、言の意は相当っているが、読み方において言定まらず

三、借字　　字の義をとらず、訓を借り用う。「エ」に「枝」「江」。「ケ」に「毛」など

四、三種の交用

五、また一種の用法　　「クサカ」に「日下」、「カスガ」に「春日」

この五種の中、仮字と借字とにはそれぞれ二合の仮名を認めた。例えばアム(淹知《アム》)、

イニ（印《イニ》恵命）、アナ（穴《アナ》戸）のごときである。これらの用字法の研究が、『古事記』の訓点を施すに当って活用されたことは、例えば二合仮名の例を見るならば、「香用比売」の「香」を「カガ」と読み（『記伝』巻十二）、「早良」の「早」を「サハ」と訓んだ（『記伝』巻二十二）ごときはそれである。借音の二合仮名については、宣長は別に『地名字音転用例』を著してこれを詳説しているが、そこにもやはりかかる記載が成立する動機となったところの、「諸国の地名に好字二字を以てする」という和銅六年（七一三）の詔について注意を喚起し、漢学者が、現行字音の理解を基礎にして、「相模《サガミ》」は「サウモ」の訛音《かおん》であるとすることの理由のないことを説破している。

　宣長の用字例を通しての古音の再現は、きわめて忠実なる文献学的方法に基づいたものであって、その態度は古音についての上田《うえだ》秋成《あきなり》との論争を記した『呵《か》刈葭《かいか》』によく現れている。本書は、我が上代に撥音があったか否かについての論争であって、秋成は、現行音を証拠として、現在撥音が存在するゆえ、過去においても当に存在すべきであることを主張すれば、宣長は、「すべて仮字を離れて古言の音を知るべき術なし」と文字をもって完全な言語音の標識であると考えて、忠実に文字そのものに立脚して古音の推定を試みようとする。秋成はこれに対して文字は完全な標識であることを認めないのである。この論争の勝敗はいずれとも決し難いが、両者の論拠は今日なお参考すべき価値があると思う。

本期において提出された上代文字還元の方法は、上代文献の解釈を中心目標として、次第に幾多の問題を派生し、その研究は次第に深まり、古音の何ものであるかの推定は、第三期、第四期に至って、漢字の古音の研究にまで溯り、上代文献の訓点研究に多くの異説を齎《もたら》した。

用字法の研究は、明治以後、西洋言語学の影響下に発達した国語研究では、あまり重要視されなかった問題であるが、漢字が重要な国語の一要素である現実の状態においては、用字法の研究は国語の重要問題であることを失わないものである。

ロ　仮名遣の研究——語義の標識としての仮名遣観

元禄期以前における仮名遣の研究は、主として和歌記載のために、仮名の紛らわしい語を、何らかの基準に基づき、あるいは何らかの理法に基づいて規範的に決定しようということであった。定家・行阿の仮名遣は、主義としては古来の用例を遵奉する、いわゆる歴史的仮名遣のように考えられるが、その根柢においては、語とその仮名との間に何か特別の理法が存在するであろうということを予想した一種の理論的仮名遣であるということは既に述べたところである。契沖の仮名遣研究の出発点は、右に述べたような仮名遣研究とは異なり、古典研究、なかんずく『万葉集』の解釈の中に成立したものである。既に前期において僧成俊《じょうしゅん》は、その万葉集研究の結果、その仮名遣は、当代のそれと相違し、一定の秩序統一が存し、『万葉集』の語義を識別するために重要な徴証となるものであるということを述べている。契沖の研究もこれと同様に、『万葉集』の仮名遣をもって、語の意味の識別の根拠としようとしたものである。

契沖も成俊と同様に、万葉の註釈に従事しつつあった時に、上代文献中の語の仮名遣に一定の条理統一のあることを発見した。この事実を根拠として、契沖は上代文献中のある語については、仮名遣の別をもって、意味の識別を行った。例えば、

吉恵由久とかゝるへきを、いかて吉倍とはかゝれけむ。同韻のゆへにや（『契沖全集』第二巻、一〇一頁、初稿本）

とあって、初稿本時代には、「吉恵」と「吉倍」とを同韻と考えて語の識別をしなかったのであるが、精撰本に至っては、

キヘユクハ上ニモ有シ来経行ナリ

と、仮名遣の別を理由にして、語義を解釈したのである。同様のことが、「十依」の十の仮名が「登乎」であることを根拠として、「遠依る」の意に解釈することを否定したことにも見られる(『代匠記』七巻)。このように、初稿本より精撰本へと、契沖の仮名遣の研究は深められて行ったのである。

この解釈の根拠として役立てられた仮名遣の研究は、種々の方向に発展して行った。一つはかかる仮名の使い分けの現象——同音であると考えられている「い」「ゐ」のごときが、語によって差別的に使用せられていること——がいかなる理由によるものであるかを明らかにする必要があった。契沖は、同音の仮名の使い分けは、語義の相違に基づくものであると考えた。この仮名遣観を、仮に「語義の標識としての仮名遣観」と名づけて置く。この仮名遣観は、必然的に次のごとき仮名遣研究を齎した。それは、上代仮名遣は、それ相当の語義を標識する正しいものであり、後世これに合致しないものが現れたのは、学識の低下による誤用に基づくものである。従って語の正当な意味を標識するためには、古代の仮名遣に準拠せねばならない。古代の正しい仮名遣は『和名抄』以前の文献に見えるところのものである。かくして正しい仮名遣例を蒐集し、これを規範として示す仮名遣書の編纂が企てられた。『和字正濫抄《わじしょうらんしょう》』『和字正濫通妨抄《つうぼうしょう》』『和字正濫要略《ようりゃく》』(三書ともに『契沖全集』に収む)などの持つ主要な意義は、かくのごとき仮名遣の探索と規範を示すことである。契沖のこの主張は次第に学界に認められるようになり、『古言梯《こげんてい》』以下の仮名遣書を生み出すようになって、中世以来の定家・行阿の仮名遣にとって代ることとなった。

契沖の仮名遣は、根本的に古文献の用例を遵奉するところの仮名遣である。そして定家および行阿の仮名遣も主義としては古人の用例に従おうとしたものである。それならばこの両者はいずれの点において相違しているのであるか。定家および行阿の仮名遣は、単に古人の習慣に従うことを主義とし、古人の習慣には相当の理法が存すべきことを考えたのに対し、契沖は古典の仮名遣に一定の条理と統一の存することを発見し、その条理と統一が存在するがゆえに、これを正しい仮名遣と認めたことである。換言すれば、法則的なものの存在するところに規範が存在すると考えたのである。従って契沖の仮名遣説は、定家のごとき単に古典に準拠するという考え方とは著しい相違があるのである。契沖によって認められた古典の仮名遣の条理統一が、やがて次期に至って古仮名遣の本質に対する正しい見解を導く基礎になった。

契沖は、その新しい仮名遣観の確立に基づいて、後世において紊《みだ》れた古典の仮名遣を正しい姿に復古させることを試みている。『古今余材抄《こきんよざいしょう》』、および『勢語臆断《せいごおくだん》』の奥書に、

再記仮名依日本紀万葉集和名鈔等、後覧之人莫恠之矣

とあるのはすなわちそれであって、本文中の「おとこ」を「をとこ」に改め、「うゐかうふり」を「うひかうふり」と改めた。後世の仮名遣を古代のそれに改めるということの意味は、誤った仮名遣を、古典のそれに改めて、あるべかりし姿に復帰させると同時に、仮名遣をもって正しい語義の標識たらしめようとすることである。この仮名遣の改訂の作業は、現今においても一般に古典の本文制定の際にとられる方法であるが、契沖においては、それは必ずしも原典批判あるいは原典還元の意味を持つものでなく、ただ、あるべかりし原本の面影を現わすことである。契沖は、仮名遣が古典に相違するものをもって、学識の低下による誤用と考えたからである。

契沖の仮名遣研究における、上に述べたような三つの意義、すなわち語義識別の根拠としての仮名遣、記載の規範としての仮名遣、文献改訂のための仮名遣の三者は、以後の仮名遣研究に継承された。しかしながらその根柢をなす語義の標識としての仮名遣観は、次期に至って根本的に改められた。それは語義標識としての仮名遣観より、音韻の

標識としての仮名遣観への展開である。仮名遣の別は、音韻の別に基づいたものであったことが認められて、ここに国語の音韻についての研究に輝かしい暗示を与えることとなった。同時に注意すべきことは、古仮名遣の本質が音韻の標識にあることが認められたと同時に、今日において記載すべき仮名遣は、いかなる原則によるべきかということが考慮されたことである(論文一〇参照)。

八　語義の研究——本義、正義の探求

近世国語研究における語の意味の研究は、意味を客体的対象として、その広狭、あるいは歴史的な伸縮変遷を明らかにすることではなくして、失われた古語の意味を探求し、これを理解しようとすることであった。すなわち古語の釈義を目的とする研究であって、その間に国語に対する反省も深められて行ったと見ることが出来る。

語義の研究に二つを区別することが出来る。一つはいわゆる解釈であって、語の表わす内容を理解することであり、その二つは一般に語源研究といわれるところのものであって、松永貞徳《まつながていとく》の『和句解《わくかい》』、貝原益軒《かいばらえきけん》の『日本釈名《にほんしゃくみょう》』、新井白石の『東雅《とうが》』などにおけ

る研究である。語源研究ということは、今日においては、語の意味の起源的なものを歴史的に溯ることを意味しているから、語源の研究は、語の解釈とは関係はないわけであるが、元来 etymology という語それ自身の意味は、語の正義(etumon)を求めることである。国語学史上における語源研究も、多分にその意味で研究せられている。そして一方、解釈ということも、語の根本的な意義を求めてそれによって古典を解釈しようという風に考えられて居ったのであるから、いわゆる語源研究に類するような研究も、実は本義の探求であって、その点解釈と別物ではなかったのである。

ここに本義あるいは正義というのは何を意味するのであるか。一の語に数義が存在する場合に、その一つを本義あるいは正義と考え、他の意味をその転義あるいはその崩壊したもののように考える。今日においては、一般にそれらを時間的に変遷したものとして考えるのが普通であるが、歴史的観念の成立しない以前においては、右のように考えるのも当然であったと言えるであろう。それならば、本義、正義を決定する基準は何であったかというならば、それは古代文献に使用せられた意味をもって本義、正義と考えたのである。これは一般に古代のものをすべてにおいて正雅なものと考えたところから来たのであろうと思う。そこで古典の解釈においてまず重要なことは、その本義、正義を明らかにし、他の一切の転義をそれによって説明しようとすることである。

仙覚の『万葉集註釈』に見ても、仙覚は万葉の語を語義の本源を示すものであると解し(13)、その本源の意味を解するために、語をそれを構成する個々の音に分解し、各音の意味を決定し、その結合によって全体の語の意味を理解しようとしたことである。それは、語が意味を持つ音によって構成せられているという考えに基づくものであって、仙覚はいまだ自らのとったこの方法と、かくして再構成された語の意味との間に、何ら不合理な点を意識しなかった。従って、仙覚は意味の理解の方法について、より以上の反省をするということはなかった。

近世に至っても、その初期においては、この根本の観念に大差はなかった。すなわち本義、正義を探求することによって、語の意味はすべて説明されるとなし、語はまた個々の音の結合の上にその意味を表わしているとされたのである。これらの考えは、やがて第三期に至って、中古の歌文の研究が国学の一要素となった時、本義、正義によって古典を理解することに疑問を生じ、各時代の語は、その意味をその時代における用例より帰納的に決定するという方法が考えられた(論文八、一五参照)。

近世初期の語義理解の方法の一つを、新井白石の研究について見るのに、『東雅』の総論は、語義探求の方法論としてきわめて卓見に饒《と》み、語義を知るにはまず時代を知らねばならぬというようなことが述べられているにもかかわらず、『東雅』の各論において試みられた白石の釈義の方法は、本義、正義の探求以外のものではなかった。

　古言の義を求むるに古事記にしるせし所、其正を得しと見えし事ども多く（『東雅』総論）

と述べて、仙覚説をしばしば引用しているが、そこに上代言語なかんずく『古事記』の言語が、意味の正を伝えた本義であり、正義であるという考えを見ることが出来る。しかも本期における語義探求の背後に潜む語の構成意識を窺うならば、それは中世以来伝統の音義的構成、あるいは相通的構成（語は同韻同内の相通によって任意に顕現するという考え）であった。契沖においても、真淵においても同様にこれを見ることが出来る。白石はまた右のごとき構成観をシナ言語学説によって裏書して、「音発為レ言。言之成レ文為レ詞」と述べている。この語構成観に基づいて、与えられた語を、逆に詞より文に、文より言に、言より音に分解して行くところに語義の理解が成立する。ここにおいて語義理解の方法は、音韻の研究（それはむしろ音義の研究）に帰着するのである。

　凡《おほよそ》言詞の間、声音の相成す所にあらずといふものなし。我国古今の言に相通ぜば、

音韻の学によらずしてまた他に求むべしとも思はれず(『東雅』総論)

とあるのはそれである。例えば、

星(ホシ)は、ホ－シに分解され、ホは火、シは詞助であると解して「星」の本義が成立する。

光(ヒカリ)は、ヒ－カ－リに分解され、ヒは日、カは赤、リは詞助であると解して「光」の本義が理解せられる。

益軒の『日本釈名』についても同様なことがいえるのであるが、これらの語義解釈の求めたところのものは、解釈することによって語の表わす内容を理解することに止まらず、いかにしてかく名づけられたかの立名の根拠を探求するということである。従って、事実としては理解せられている語も、さらに溯ってそれが立名せられた所以を明らかにしようとしたのである。従って、この時代の語源研究は歴史的意味における語源の探求ではなくして、語の成立の根拠を明らかにするところの語源研究と考えなくてはならない。今日一般に意味論(sémantique)といえば、意味の変遷の研究が主題となって居って、意味の現象自体についてはあまり考察されていない。そういう意味で、本期の語源研究は、いまだ充分に理論的でなかったにしても、語の体系における意味がいかなるものであるかの考察を示唆するものといってよいと思う。光(ヒカリ)を分解して、ヒ(日)―カ(赤)―リ(詞助)と理解したことは、この語によって示された内容的な事実それ自体の理解が目的でなく、かかる事物に対する意味作用を明らかにしたことになるのである。

契沖の語義理解の方法には、さすがに帰納的方法による実証的な理解法を見ることが出来るのであるが、上代言語の意味を、そのまま中古の言語の上に無批判に適用したところに、本義によって転義を理解しようとする考えが見えるのである。(14)

真淵の語義理解の方法は、延約通略の方法である。(15)この方法は、仙覚の、本源的な語が種々の形において顕現するとする根本的な考え方と相通ずるものであって、与えられた語を延ばし、約《ちぢ》め、通わし、略しなどして本源の語に還元させて意味を理解しようとするので、その本義を求める態度において、益軒、白石と共通したものを持っている。真淵は、語の本義を明らかにするならば、万般の使用例、すなわち転義はこの本義により解釈出来るものと考えた。例えば、「神さび」の「さび」の本義を「進む」意であるとして、

かくさまに転ぬれど其本を得る時は皆聞ゆ(『万葉考別記』頭註)

と考えたのは、本期の語釈法の全般に通ずるところの考え方である。語源的研究と語釈

およびその根柢をなす音義観および音義的な語構成観、これらはみな互いに聯関を持っているのであって、真淵の語釈は語源的研究に類し、その方法は、語を意味を有する各音に分解することにあるのであって、この音義観は、仙覚以来語釈の方法の根柢に横たわるものであることは既に述べて来たところで明らかにされた。『語意考《ごいこう》』に示されている真淵の五十音図には、音図の各段にそれぞれ名称が附せられて、ア段―初（はじめのことば）、イ段―体（うごかぬことば）、ウ段―用（うごくことば）、エ段―令（おふすることば）、オ段―助（たすくることば）とされている。後世これを活用図の源始的形態のように考えたが、この図の本質は活用図というよりは、五十音図に対する音義的解釈と見るのが適切であることは、オ段を助くることばとして加えたことによっても明らかである。事実、近世末期の音義学派の興隆は、その源を遠く真淵の考え方に求めていることから見ても、右の解釈が妥当であることを知るのである。

　上代文献学の発達につれて、既に成立した語義解釈を集成した辞書があらわれた。海《かい》北若沖《ほくじゃくちゅう》の『万葉集類林《まんようしゅうるいりん》』は、『万葉集』その他上代文献の言語の辞書であり、新井白石の『東雅』は、本義、正義の探求を主とした辞書であり、谷川士清《たにかわことすが》の『和訓栞《わくんのしおり》』は、彼の『日本書紀』研究の余りに成ったもので、その釈義の方法は、これを後代に成立した

『雅言集覧《がげんしゅうらん》』のごときに比較する時、同じ辞書といいながら、本書の方法が明らかに本期の特色を示していることを知るのである。

二　語法意識の発達

言語における顕現の法則(第一期ロの部に述ぶ)を信じて、相通の方法をもって語義を理解している間は、語法に対する確乎たる観念を持つことが出来ないわけである。例えば「味酒《ウマサカ》」「ハタアラシ」の解釈について、仙覚は次のように述べている。

サカトモ、サキトモ、サクトモ、サケトモ、サコトモイハン、ミナオナジコトバナルニ(『仙覚全集』二八頁)

ハツヲ、ハタトイハンコト、タトヒ作例ナシトイフトモ悉曇ノ同韻、同内ノ相通ヲコ、ロエントキ、イハレナカルヘキニアラス(同書二三二頁)

仙覚は実在の語形の有無は問題でなく、同韻同内の相通の理によって、そのような語形が存在すべき道理であることを演繹的に推論したのである。このような言語の根本観念に基づくならば、各時代における語法の変化も、また語形による意味の異同も、まったく無視されるようになるのは当然であって、「花散りけり」と「花散れり」との間の相違も混同され、「神さびせす」という語も、「神さびす」に助詞「せ」の添加したものであると解された。語形の特異性ということは少しも考慮されず、すべてが本源的形態の顕現であると解された(16)。そこに延約通略の方法のごとき解釈法が発達したのであるが、またその中に多くの危険が存して居ったことも事実である。

本期に入って語の定形が次第に重んぜられるようになり(17)、例えば契沖の仮名遣説のごときは、上代文献の仮名に「通」と「別」との限界を認識して、「エ」「ヱ」「へ」などが互いに通用することの出来ないものであることを確認したのであるが、語の解釈の場合においても同様であった。このようにして上代特有の語法というものが次第に明らかにされるようになって来た。契沖が語法の意識を持ち得るようになったのは、中世歌学に随伴し、特に連歌の勃興に伴って、語法の意識が「てにをは」の名称によって、漠然としてではあるが、明らかにされるに至った結果であると考えられる。契沖は、中古言語特有の呼応の法則を知って居って、これに対比して『万葉集』特有の語法というものを研究するようになった。『代匠記』精撰本には、この識別が明瞭に現れて、「古風ノ詞、古風ノテニヲハ、并《ならび》にテニヲハ今ト違タルヲ出ス」の項があり、なお註釈本文中しばしば上代語の語法上の特異性を指摘している。[18] 語法の知識はまた一方、本文批判の根拠ともなって、本文の脱漏もしくは転写の誤りを指摘するに至った。[19] かくのごとく、語法上に一定の法則が存し、古代と後世との間に相違があることが意識せられ、次期に至って語法研究は著しい展開をなすのである。

上代文献学の要求した語学研究は、主として文字を通して古語の音ならびに意味を理解することが主要問題であったために、語法上の研究は、上代言語の研究中には実を結ばずして、第三期の中古歌文の研究の勃興と共に大成されるようになり、そして、その結実が、溯源的に上代言語の研究にも大きな影響を及ぼして行ったのである。

第三期　明和安永期より江戸末期へ

イ　用字法研究の展開

用字法研究は、上代の漢字専用文献を解釈するために必然的に要求されたものであることは既に述べた。それは宣長に至って、『古事記』の解釈に随伴して一段と整理され(『古事記伝』総論)、後世における、用字法より古代国語の音韻組織の研究へのかがやかしい発展を予想せしめた。用字法の研究は、用字法そのものがきわめて複雑であることに正比例して、幾多の研究部門に分岐しているがために、今においてそれらの研究の跡を辿りつつ、用字法研究の史的概観をなすことは、必ずしも容易な業ではない。今、用字法研究の展開を叙述するに当って、用字法研究がいかなる方向に展開して行ったか、その大体について観察する必要があると思う。

仙覚は、『万葉集』の解釈のために、「真名仮名」「正字」「仮字」「義読」の四種の用字法を識別した。契沖は、さらにこの分類を細別したが、仙覚の指摘した四種の中、第一の真名仮名については、さらに微に入ってこれを吟味した。すなわち『万葉集』の借音文字を、それ相当の仮名に書き改め、国語の音に還元することを試みた。かくのごとく、用字法研究史において注意すべきことは、横に用字法の分類組織がなされると同時に、縦にその各々の用字法が深く掘り下げられたということである。借音文字の場合を例として見るのに、それらの借音文字は、国語のいかなる音を表わしたものか、漢字の原音とはいかなる関係にあるか、いかに原音を変改して国語音を表わしたかなどなどの問題は次第に深められ、遂にそれは上代文献の解釈とはまったくかけ離れてしまうがごとき観を呈するようになった。かくのごとく次第に遠心的に拡張せられた用字法の問題を、その出発点である古代文献の訓点釈義という当初の目標に立ち帰り、求心的にその迹《あと》を辿り、これを体系立ててみようと思う。

過去の用字法研究が、古代人の記載意識の推定から、古代文献を解釈することにあったことから考えて、古代人の記載意識を、表音的意図、表意的意図の二つに分つならば、用字法の研究は、表音的漢字の研究、および表意的漢字の研究に分たれる。次にこの二

分野に種々なる研究が派生する。この研究過程を表示すれば、

用字法研究
- 甲、用字法の分類体系の樹立
- 乙、用字法の個別的研究

甲に属するものとして、仙覚の四種の分類、契沖の『初稿本』『精撰本』の分類、宣長の『古事記伝』総論の六種の分類などを挙げることが出来る。乙はさらに次のごとくに分派する。

用字法の個別的研究
- 丙、表音的記載に属するもの
- 丁、表意的記載に属するもの

丙に属するものとして、

一、契沖の表音文字への仮名充当

『正語仮字篇』『和字正韻』にその結論を見ることが出来るが、これは『万葉集』の訓点研究として行われたものであって、例えば、「農」は「ヌ」であるか、「ノ」であるか、「既」は「キ」であるか、「ケ」であるかを明らかにしたものである。

一、宣長の同研究

『古事記伝』総論、「仮字の事」の条下に、アイウ以下に用いてある漢字を列挙している。これには清濁の別をも論じている。

一、漢字音の転用省略法の研究

宣長の二合仮字、「アム」に「淹」、「イニ」に「印」を用いるごとき場合(『古事記伝』総論、「仮字の事」および『地名字音転用例』)および義門《ぎもん》の『男信《なましな》』など。

一、表音文字と語との関係

宣長の、語によって同音文字の使用に差別があるという論(『古事記伝』総論、「仮字の事」)。石塚竜麿の『仮名遣奥山路』。近時、橋本進吉博士によって、文字の差別は音韻の差別に基づくものであろうという推定のもとに、徹底的に研究が開拓されるようになった。

一、漢字の訓の借用

契沖の『代匠記初稿本』にいう訓仮名、『精撰本』にいう和仮名。宣長の『古事記伝』にいう借字、二合借字、例えば「アナ」に「穴」、「イク」に「活」を用いたようなもの。

丁に属するものとして、

一、契沖の正訓、義訓（『初稿本』）、正字、義訓（『精撰本』）

一、宣長の正字についての説

正字は意味を知るためには仮字に勝るが、語音を決定するためには仮名に劣るものである（『古事記伝』総論、「文体の事」）。

一、漢文の助字の用法とその訓法の研究

「之」は「ノ」と訓《よ》むべき場合と訓むまじき場合とがある。例えば、「天之《アメノ》某《ナニ》」「吾所生之子《アガウメルミコ》」のごとくである（『古事記伝』総論、「訓法の事」）。

一、漢語句による記載とその訓法

契沖に従えば、「而後者」は、「……テノチニハ」と訓む。また「所知」と「令知」とは差別があり、前者は「シラル」、後者は「シラス」と訓む。宣長も、「如此」は「カク」と訓み、「然而」は「シカシテ」と訓むべきことを注意している。

一、仮名反《かながえし》

「ヨシノナル」を「吉野爾在」と表記するごとき。

なお『玉勝間《たまかつま》』を見るならば、宣長がいかに古典の用字法に注意したかが知られる幾多の記事を見出すことが出来る。それは、用字法研究が古典の訓点釈義の重要な出発点だからである。

本期においては、特に丙に属する表音的漢字についての研究が著しい発達をした。以下、それに属する研究の概観を述べよう。

借音文字より出発して、さらに厳密な方法のもとに、国語古音の再現、国語古音と、それの記載に用いられた漢字の原音との関係についての研究は、『韻鏡《いんきょう》』の研究によって著しく助長された。『韻鏡』は、唐末宋初、悉曇《しったん》学の影響のもとに成立したシナ文字の音韻的排列図であって、その文字の所属の位置により、その字音の字母、韻、四声を知ることが出来、従ってその字音を明らかにすることが出来るものである。我が国に輸入せられたのは吉野朝時代であって、その当初にあっては、いまだ『韻鏡』の何たるかが知られなかった。近世初期に文雄《もんのう》《ブンユウ》が出て、始めて『韻鏡』に基づいて字音の正譌《せいか》を論じてから、ようやくその真価が認められるようになった。宣長が、字音仮名遣を決定する根拠に用いるようになって、『韻鏡』は国語の古音を明らかにするための関鍵と考えられるようになった。我が国語の古音の実際を明らかにするためには、古音の表記に使用せられた漢字音がいかなるものであったかを知る必要がある。漢字音がいかなるものであるかを知る方法は、『韻鏡』によってこれを知るよりほかに道がないと考えられた時、『韻鏡』の研究は、国語古音の究明には必須のものと考えられたのである。『韻鏡』[20]が、近世においてもっぱら国学者の手によって研究せられたのは如上の理由によるのである。

義門の研究――本期の初めにおいて、宣長が上代における地名記載に現れた特殊な用字例を研究して、上代人が漢字の原音の韻尾を転用して、「相」を相模《サガ》に、「信」を信濃《シナ》に用いたような事実に着目して『地名字音転用例』を著したことは既に述べた。この研究は上代用字法に関する劃期的なものであるが、なおその中には未だしい点が存して居った。宣長は、撥音に終る漢字、例えば、信《シン》、男《ナン》のごときは韻尾を転用して国語音を表記する場合、ナ行にもマ行にも通用して転ずるものと考えた。しかるに義門は、このナ行に転ずるものと、マ行に転ずるものとは、漢字原音の韻尾において差別があって、通用することの出来ないものであることを明らかにした。『男信《なましな》』の研究は、すなわちそれであって、この通用を否定した根拠は、撥音の漢字が『韻鏡』においていかに排列されているかを研究した結果であって、現今「ン」と仮名を附けられている撥音漢字の中、

『韻鏡』十六摂の標識中、「臻」「山」の両摂に所属する「平」「上」「去」三声の文字の韻は「ン」であり、「深」「咸」の両摂に所属する三声の文字の韻は「ム」であることを明らかにし、この両属の文字は、国語記載に転用せられる場合、厳然として区別せられ、ン韻はナ行、ラ行に転用せられ、ム韻はマ行、バ行に転用されるものであることを論じた。例えば、「旦」は山の摂、ゆえにナ行音に転用されて、旦波《タニハ》となる。「南」は「咸」の摂、「品」は「深」の摂、ゆえにマ行音に転用されて、「印南《イナミ》」「品陀《ホムダ》」となる。現今の音声記号をもってすれば、「臻」「山」所属の字音の韻尾はnであり、「深」「咸」所属のものはmであって、古くこれらの韻尾が明らかに識別されて居ったことが明らかにされるに至ったのである。義門は、かかる研究が、『万葉集』の訓点施行に大きな助けとなることを併せ述べている。例えば、『万葉』巻十、「所思君」の君字の訓点において、これを「オモホユルキミ」あるいは「オモホユラクモ」と訓んでいる説を斥けて、君字は、「臻」の摂に属するがゆえにナ行に転ずるところの文字であって「キミ」「クモ」とマ行に転ずることは許されない。そこでこれを「オモホユラクニ」とナ行音に転じて訓むことを主張したのである（『男信』上巻十五丁）。

太田《おおた》全斎《ぜんさい》の研究――全斎の研究の価値に関しては、既に岡井慎吾博士がこれを明らかにされた（『日本漢字学史』）。全斎は、宣長の『字音仮字用格《じおんかなづかい》』を継承したものであるが、単に我が国における特殊な用字例を説明するのみでなく、『韻鏡』によって我が国の字音の諸相のよって来たるところを説明しようとして、『韻鏡』そのものの研究にも努めた。全斎は、我が国における字音の種々相と、漢字本来の音との関係を説明するために、我が国の漢字音に、原音、次音、通音、転音、質音、尾音、省呼、俗音、訛音などの段階の存することを考えた。この説明は一つの仮説に基づく演繹的方法であって、その説明のために、質音と呼ばれる経験的に実在しない、理論的な音をも考えるに至った。全斎の研究は、もちろん今日において議すべき多くの点を持っているであろうが、実に用字法研究の到達した極点ともいうべきもので、その研究は『韻鏡』全体に関するものであるが、仔細に見れば、最も多く用字法の問題に関することである。『漢呉音図《かんごおんず》』『漢呉《かんご》音徴《おんちょう》』『音図口義《おんずこうぎ》』を見れば明らかである。江戸末期における、万葉研究に及ぼした『韻鏡』研究は、黒川春村《くろかわはるむら》、木村正辞《きむらまさこと》博士の研究に見ることが出来るのであるが、全斎の『韻鏡』研究が先蹤《せんしょう》をなすこともちろんである。

春登の研究――春登上人の『万葉用字格』の研究は、万葉解釈の準備手段であるというよりは、古風の詠歌を記載するためには、古風の用字法に範るべきことを主張して

(『万葉用字格』序)、そのために編纂した一種の作法辞書のごときものである。従ってその内容の組織は、他の用字法研究とは趣を異にするものであって、まず記載せらるべき国語を五十音図順に排列し、その語の記載法に種々の方法のあることを示すために、正訓、義訓、戯書などの部類別をなしている。例えば「アラシ(嵐)」の語を記載するのに、正訓の法によれば「荒風」、義訓の法によれば「荒」「飄」「冬風」、借訓の法によれば「荒足」、戯書の法によれば、「山下」「下風」「阿風」などの種々なる方法が存することを知るのである。

春登の用字法の分類名目である正音、略音、正訓、義訓、略訓、約訓、借訓、戯書などは、契沖、宣長の名目を踏襲し、それに自己の創案をも交えたものであるが、ここに注意すべきことは、略訓、約訓の名目である。略訓、約訓は、用字法の上に語の構成意識を交えたものであって、それは恐らく正音、略音のごとき、漢字音と我が国の転用音との関係についての考慮が、影響を及ぼしたものと考えられないであろうか。それは、次第に漢字とその訓法との関係を、平面化して考察しようとする用字法研究の形式化の現れと見るべきである。

関政方《せきまさみち》の研究――関政方の『傭字例《ようじれい》』同附録は、国語用字法を中心として種々な問題

を提供した。これらの問題を観察すれば、ほぼ用字法研究の齎《もたら》す諸問題を概観することが出来る。左にこれを概括すれば、

一、上代文献の漢字の訓点を決定する方法として、漢字音の転用法を明らかにする。
例えば、「旻楽」を「ミネラク」、「近義」を「コニギシ」、「習宜」を「シホゲ」と訓点するために、旻、近、習の転用法を明らかにする。

二、同じく訓点の説明として、
「安達」に「アダタラ」、「杲」に「カホ」、「芭蕉」に「バセヲ」という訓点の存する理由を明らかにするために、達、杲、蕉の転用を吟味する。

三、用字法の分類の所属を決定するために、
「灘《ナダ》」は呉音ナンの借音、「打蝉《ウツセミ》」の蝉はマ行に転ずる字音でないゆえにこれは借訓とし、「甜酒《タムザケ》」の甜は意字でなく、賜酒の借音であることを明らかにする。

四、漢語の仮名書に漢字を充当する根拠として、
「さうび」に「薔薇」、「りうたむ」に「竜胆」を充当するにつき、薔、胆の仮名を吟味する。

五、国語か、漢語起源かの決定の根拠として、字音の所属を吟味する。

「文」はマ行音に転ずることが出来ないから、国語の「ふみ」を漢語「文」から来たとするのは誤りである。

「蟬」も同様にマ行音に転ずることが出来ないから、「せみ」が漢字音「蟬」に基づくとするは誤りであることが明らかにされる。

用字法の研究が、国語研究上の諸問題の解決に重要な役割を演じていることは、右によって大体、察せられると思う。漢字を記載の文字としている古代言語の研究は、一に用字法に対する妥当なる解釈によって始めて解決することが出来るのである。文字によっては言語の真相を把握することが出来ないという見解のもとに、音声言語を重要視する近代言語学の立場は、一方から見れば、文字の言語における位置について深い考慮を要求したものとも解釈し得るのであって、特に複雑な記載様式を有する国語にとって、用字法の研究はきわめて重要であるといわなければならない。我が国語学史に、西洋言語学にはほとんど見ることの出来ない用字法の研究のあることは、国語の実際が必然的に要求したものとして注意しなければならないことである。

ロ　仮名遣の研究と新仮名遣観の成立

近世初期における仮名遣研究の目的は、仮名の差別を通して古語の意味を識別するという、古語の解釈のためにあったので、さらに進んでそれぞれの語は、それに相当する正しい仮名遣によってのみ、その意味の完全な標識とすることが出来るという考えから、歌文の記載においては、語をその正しい仮名遣によって記載して、意味の伝達に混乱を惹き起こさぬようにしようとする規範的意義が加えられるようになり、一方、後世の文献の仮名遣は、正しいと考えられる仮名遣に書き改められるようになった。このように仮名遣は、古語の解釈、文献の本文制定、あるいは正しい意味の記載などの目的のもとに研究されたのであった。そしてその根柢には、仮名遣はそれぞれの語義を標識するものであるという語義の標識としての仮名遣観が存して居ったことは既に述べたごとくである。

しかるに本期に至って、この仮名遣観は根本的に改められるようになった。それは仮名と語との関係に対する考察が深められた結果である。本期においても、仮名の差別が、古語の意味の理解識別の根拠となり、手懸りとなるという考え方は従来と相違がなかった。宣長においても、楫取魚彦《かとりなひこ》においても、富士谷成章においても、石塚竜麿においても、みな同様に仮名遣の識別が古語解釈に必要であることを認めている。(21) しかしながら、仮名の差別がいかなる理由に基づいたものであるかについては、前期の学者と著しく相違する考えが現れた。契沖は、混乱しやすい仮名、「お・を」「い・ゐ」「え・ゑ」などはそれぞれ同音異形の文字であり、語義に従ってその用途を異にしたものであると解したが、本期の学者は、これらの同音異形の文字は、元来音韻上の差別に基づいたもので、これを混同して記載するようになったのは、音韻そのものの変遷に基づくものであるという風に考えるようになった。宣長は、

仮字用格《かなづかい》のこと、大かた天暦のころより以往の書どもは、……みだれ誤りたること一もなし。其はみな恒《つね》に口にいふ語の音に差別ありけるから、物の書にも、おのづからその仮名の差別はありけるなり(『古事記伝』巻一)

といい、魚彦は、

い、ゐなどの仮名を用わけたるは、もとは言の意より出づれば、その言をいふまゝに音韻即口の内にわかるめり(『古言梯』附言)

といい、また、成章は、

かんなづかひは、京極黄門（定家を指す）のさだめたまひて後、其沙汰まち〳〵にして、おぼつかなかりしを、ちかき世、契沖がよくいひわきまへたるより、はじめてことさだまれゝど、いにしへより、理につきて、もじを定められし事とのみ心えられけるにや。口角にわかつべき事といへる事なし。千慮の一失といふべし（『北辺随筆』「音の存亡」の条）

と述べている。これらによって、定家・行阿および契沖の仮名遣のいかなるものであったかがいっそうよく理解されるのである。このようにして仮名は元来音韻の標識として記載されたものであることが明らかにされたのであるが、それならば、この仮名遣をそのまま音韻の変遷した後世において遵法《じゅんぽう》せねばならないのは何ゆえであるか。それは、仮名遣は古語の意味を識別する手懸りとして重要であるからである。もし仮名遣を混同したならばいかなる結果になるか。成章に従えば、

いにしへをしたひ、ことをさだめむ人、なにによりてか、言のこゝろをもわきまへまし（『北辺随筆』「音の存亡」の条）

たとえ音韻の別によって成立したものでも、今日においてこれを混ずることは、語義

理解の道を絶つことになると成章は考えたのである。このようにして、仮名記載の上古における原則と、古典の仮名をそのまま遵法すべきであるという復古仮名遣の主張とは、何ら混同されることなく、明らかに別の見地から論ぜられたのであった。そこに明治以後、古典の仮名記載の原則、すなわち表音主義の仮名遣を、そのまま現代の仮名遣の原則に移そうとする仮名遣改訂説と相違する点を見出すのである。

本期における仮名遣研究の新しい展開は、ここに二つの研究方向を暗示した。その一つは、仮名遣の別にあらわれた音韻の別は、いかなる音韻の別を示すものであろうかの問題。この問題はただちに前項に述べた用字法より古音の推定への研究と提携するものであろうことが予想される。その二つは、前期の継承であるところの、解釈の根拠として、また記載の規範としての仮名遣例を探索し、拾集し、決定するところの研究である。

音韻の標識としての仮名遣観が成立したことは、古代の借音用字法の研究に基づくものであることは容易に想像し得られる。契沖が、於乎などに附すべき仮名を決定するには、於乎などの文字の反切《はんせつ》によった結果、於乎の五十音図における位置も、また於乎の示す音韻の実際をも知ることが出来なかった。僧文雄《もんのう》は始めて『韻鏡』によって字音を論じ、宣長はこれを継承して『字音仮字用格』において、於乎の音が『韻鏡』の開合《かいごう》によって区別されるべきものであることを明らかにし、その音韻上に区別のあることを論じた。(22) かくして一方に五十音図上のお・をの位置を是正すると共に、古仮名遣に同音とされたお・をなどの文字の音韻上の差別を明らかにすることが出来た。奥村栄実《おくむらてるざね》の『古言衣延弁《こげんええべん》』は、宣長の右の方法論に基づいて、ア行、ヤ行のエの音韻上の区別を明らかにしたものである。

借音用字法から古代国語の音韻を推定して行く研究によって、ここに注目すべき仮名遣研究が展開した。既に述べたように、契沖において未解決であった、語とその仮名遣との関係については、本期に至って、それが音韻の差別に基づくものであることが明らかにされたが、ここに宣長によって暗示された問題で、未解決のままに残された問題があった。それは、『古事記伝』総論において、宣長が『古事記』の仮名遣に奇異な現象のあることを指摘したことである。同音の借音文字でありながら、語によってその使途に差別があるという事実、例えば、「子」の意味のコには、「古」字のみを用いて、「許」字を用いることがなく、「女」の意味のメには、「売」字のみを用いて、「米」字を用いることがない。宣長は、これが何の理由に基づくものであるかの説明は試みず、ただ、これらの差別が語義の弁別の手懸りとなることが多いということを言い添えているに過ぎない(『古事記伝』総論、「仮字の事」)。この現象の発見は、あたかも契沖が於乎などは同音で、その仮名字体の差別によって語義識別の手懸りを得ることが出来ると考えたと同様の過程を、別の仮名について繰り返したことになるのである。契沖の見出した仮名の差別は、後に至って、それが語義の標識となったということの意味ばかりでなく、元来、音韻上の差別に基づいたものであることが明らかにされたが、宣長の見出した「古」「許」あるいは「売」「米」の差別は、ただ語義の識別に役立つことが認められて、それがいかなる事実であるかについてはいまだ明らかにされなかった。

石塚竜麿は、宣長の研究を継承して調査した結果、「エ」「キ」「ケ」以下十三音の文字については、その使用に二類の別があることを明らかにした。しかしながら、竜麿はこの仮名の差別が何に基づくものであるかについては明言せず(23)、ただ宣長の説を継いで、この仮名遣の弁別が語義の理解に役立つことを述べたに過ぎなかった。最近に至って、あたかも契沖より宣長への展開、すなわち仮名遣の差別の認識から、その音韻的差別の認識への過程と同様なことが、この新しい仮名遣の上に試みられた。橋本進吉博士は、竜麿の調査を再吟味し、この仮名遣の別が、古代の音韻の差別に基づくものではなかろうかということを述べられた(24)。この問題は、さらに進んでそれがいかなる音韻上の差別に基づくものであるかの研究を展開させるに至った。

かくのごとく本期の仮名遣研究は、新しい仮名遣観の成立に伴って、古代用字法中の借音文字と、その音韻との関係について精細な研究を展開し、国語の音韻研究の有力な素地を開拓したのであるが、他の一面において、解釈の根拠としての仮名遣および記載の規範としての仮名遣についての研究をも展開させた。仮名遣の用例を拾集した仮名遣書が多く現れたが、それらを列挙することは省略して、次に仮名遣研究史上に現れた一問題を取り上げ、それがいかなる種類の問題をそこから発展させ、また示唆したかを述べようと思う。

仮名遣は、一方にそれが意味弁別の手懸りであると同時に、語はその語の意味に相当した仮名遣によって記載されねばならないことを主張する。これが語義の標識としての仮名遣観の根本的な考え方である。近世中期に、おかし、をかしの仮名遣の差別を主張する説が現れた。田中道麿は、この差別をしなければならない理由を語源的に説明し、宣長もまたこれに賛成している。それは、をかしに二つの異なった意味がある。すなわち嘲笑と感賞である。かかる事実からして、嘲笑のをかしと感賞のをかしはもと別の言葉であって、感賞の場合は、おむかしの約であるから「おかし」、嘲笑の場合はをこの転であるから「をかし」であると考えたのである（『玉勝間』巻二）。道麿、宣長は、仮名遣の実例を根拠とせず、むしろ理論的に、「をかし」を感賞と嘲笑の両義に使用することの不穏当から、意味の異なったものであるならば仮名遣に差別がなければならないと考えたのである。

仮名遣をもって意味弁別の手懸りとする一般の傾向においては、逆に一語にして相反する二つの意味を持つものを、異なった仮名遣に所属せしめ、意味と仮名遣の併行を計ろうとするのは当然であるかも知れない。しかし確実な証拠を求め得ないこの説は、以後しばしば問題となって、江戸末期に及んでも決することが出来なかった。その理由は、実例をもって根拠とする学者は、〔荒木田〕久老《ひさおい》（『信濃漫録』）、義門（『指出《さしで》酒磯《のいそ》』）のごとく、お・をの別に賛同することが出来ない。しかるに一方、その意味の対立の上から、当然別個の語であることを主張する学者、〔賀茂〕季鷹《すえたか》（『正誤かな遣』）、〔市岡〕猛彦《たけひこ》（『雅《が》言仮字《げんかな》格《づかい》』）のごときは、お・をによって書き分けることを主張した。この両者の論難に対して、新しい解決の道を示したのはをかしの使用例から帰納せられた意味の研究である。〔萩原〕広道《ひろみち》（『源氏物語評釈』）、〔伴〕信友（『比古婆衣』）、〔藤井〕高尚《たかひさ》（『松の落葉』）などは、をかしの使用例から意味の変遷を明らかにし、をかしに感賞、嘲笑の二義の存することが不当でないことを明らかにした。従って、感賞、嘲笑の二義の異同によって仮名を書き分けねばならないという理由は消滅しなければならないわけである。

以上述べたをかし、おかしを中心とする論争は、仮名遣に基づく古語解釈法の投じた興味ある問題であって、これによって見ても、仮名遣研究ということが、単に記載の仮名を決定しようとする規範的なものである以外に、語義の研究と不可分離の関係にあったことを知り得るのである。さらに、既に述べたところの音韻研究との交渉を考慮に入れるならば、仮名遣の研究は種々なる問題を包蔵しているのであって、これによって見ても、国語学史上の問題が常に国語の表現過程に沿って取り上げられていることを知るのである。

ハ　語義と文意の脈絡とについての研究

用字法と仮名遣の研究は、漢字専用の上代文献を対象として、古語の解釈を目的として成立した語学研究であった。本期に入って、中古の和歌物語が国学の研究対象となって、ここに中古語研究の端緒が開かれた。中古の文献を対象とすることによって、国語の研究に新しい問題が見出されるようになったが、それはただに中古の言語のためばかりでなく、上代の言語の解釈ならびに研究にとっても大きな効果を齎《もたら》すようになった。語義の研究について見るのに、上代の国語においては、その資料が狭い範囲に限定されている関係上、多くの用例に基づいて語義を帰納することが不可能であった上に、既に述べたような語の構成観——語は意味を持った音の結合によって構成されるという考え方——によって、語義の研究は常に語を分析する方法によることが多かった。通略延約ということは、このような分析に伴う語義理解の方法であった。本期に入って、右のごとき分析的語義の研究に対して、新しく、語の帰納的方法による意味の理解ということが現れて来たと同時に、従来単に語の排列の上に、漫然と文意の理解を試みて居ったことに対して、さらに文意の脈絡を辿って、文の構造の理解に基づく文意の把握ということが試みられるようになった。これらの研究は、「てにをは」、「活用」の研究と共に中古語学の開拓した重要な領域であって、それがやがて上代の国語の研究にも影響して来るのである。

語義理解の新方法——近世初期における古語の理解の方法が、中世時代のそれの継承であって、主として相通、略言、延言、約言などの方法により、古語を任意に変形して来既知の語に導くか（相通法）、古語を適宜に分解し、加減し、あるいは伸縮させて理解するか（延約略の方法）の方法に過ぎなかった。かかる演繹的方法が妥当であるか否かについては、方法論的にはまったく反省されなかった。しかるに真淵がこの方法を濫用してから、その方法に大きな欠陥の存することが一部学者の眼に映ずるようになって、その方法の欠陥を指摘する学者も現れた。既に真淵門下の村田《むらた》春海《はるみ》は、五十音図を用いて古言を解く、これら通略延約の方法をみだりに用いる時は誤ることのあることを注意し、別に帰納的方法、歴史的比較的方法の必要なことを述べている（『五十音弁誤』『琴後集《ことじりしゅう》』「大村蜂住に送る書」）。『北辺随筆』にも、延約説の濫用を指摘して、延べるにも、約《ちぢ》めるにもそれぞれ相当の意味のあることゆえ、みだりに用いる時は、意味の大旨を失うことのあることを述べている。延約通略の方法の由来は、言語は、言語を使用する主体によって任意にこれを延ばしもし、約めもされたものと考えた結果、これをその原形に戻すには、延ばしたものは約め、約めたものは延ばせばよいと考えたのであるが、延約の現象そのものの本質が何であるかについては、多くの学者は考えもしなかった。一部学者の注意にもかかわらず、このような言語観と、解釈の方法は、一般的には近世を支配していたのである。近世末期の革新的歌人大隈言道《おおくまことみち》は次のようなことを述べている。

近世詞の延縮《ノベチヂメ》と云ふことあり。これも前条に同じ事にて、同じくはノビチヾミと云ふべし。世々の人已れ私に詞をのべたりちゞめたりすべけんや。自ら伸たり縮たりするなり。近世の国学家、みだりに延約を云ふも、あたらぬこと多かるべし(『ひとりごち』)

と、もって当代の一般の傾向を察することが出来るであろう。

近世初期の語義研究について、なお一つの著しい事実は、本義、正義の探求であって、まず本義、正義を明らかにすることによって、その転義は自ずから明らかになると考えたことである。延約通略の説のごときも、要するに、本義、正義の発見の方法であったのである。中古文献の理解に当っても、上代文献において理解せられた語義をもってこれを理解するという方法が一般に行われた。契沖の『源註拾遺』『古今余材抄』などの解釈は、多くの場合、右のような方法であった。宣長は、かかる本義、正義の探求(宣長はこれを「語釈」といった)にさまで価値を認めようとはせず、むしろこれを拒否する態度にでた。

抑諸の言の、然云本の心を釈は、甚難きわざなるを、強ひて解むとすれば、必僻める説の出来るものなり(『古事記伝』巻一)

同様の意味のことが、『うひ山ぶみ』『玉勝間』巻八などに見えている。そして語の意味は、その用いられた意味を明らかにすることを主としなければならないと述べている。

諸の言は、その然云本の意を考へんよりは、古人の用ひたる所をよく考へて、云々の言は云々の意に用ひたりといふことをよく明らめ知るを要とすべし（『うひ山ぶみ』）

すべての詞、時代によりて用ふる意かはることあれば、物語には、物語に用ひたる例をもていふべきなり（『玉小櫛《たまのおぐし》』巻五）

この宣長の主張はきわめて重要なる意味を持っている。それは本義、正義のみを重視して、転義を軽んずる態度に対する抗議であると同時に、語義の歴史的変遷を重んじたところの態度を示したものであって、契沖以来の語義理解の方法に一時期を劃したものということが出来る。かくして宣長のとった新しい方法は、帰納法による語義の理解である。文献中の多くの用例を蒐集して意味を帰納するについては、資料の豊富な中古文献の研究がこの方法を示唆することが多かったであろう。『源氏物語玉小櫛』は、多くの場合、かかる方法がその根柢をなして語義の理解が成立している。一、二の例を示せば、

あさましきものに、此詞巻々数しらず多かるを、思ひわたして考ふるに

あいなく、此詞数もなく多くあり。そをこと〳〵く見わたし合せてかむがふるに

すなわち、あさまし、あいなしなどの語を、これを分解することによらず、物語中の用例を帰納的に調査することによって理解しようとしたのである。

石川雅望《まさもち》の『雅言集覧』は、語の解釈ということを主眼とせず、主として中古の雅言の用例を蒐集して、辞書の検索者に、自ら帰納的に語義ならびに使用法を理解させようと企てたものであることは、集覧と冠せられた書名によっても、またその凡例によっても知ることが出来る。本書を前期の『和訓栞』に比較する時、明らかにその特質を認め得るのである。雅望の『源註余滴』は、本書のごとき用例の蒐集、意味の帰納的理解ということが、その基礎的作業として先行していることが、明らかに認められる。

本義、正義の探求を否定し、延約通略の方法に疑惑を抱き、それらに対して、語はその時代の使用例から帰納せねばならないという新方法が考えられたとともに、本期におけるさらに一つの特筆すべき註釈の方法は、古典言語の口語への飜訳である。古文献の解釈のために、種々なる研究が派生して、あるいは用字法の研究となり、次第に古語が理解されて、古代の文物精神の真相が明らかにされて来たが、古語の真の理解は、これ

を生得の言語に飜訳することによって、始めて知的理解より、体験的理解に到達する。右のごとき新しい見解が、本居宣長、富士谷成章らによって提唱された。宣長の『古今集遠鏡《とおかがみ》』の総論には、口語訳の意義方法などがつまびらかに述べられている。その意義についての説を見ると、

さとびごとに訳したるは、たゞにみづからさ思ふにひとしくて、物の味を、みづからなめて、しれるがごとく、いにしへの雅言みな、おのがはらの内の物としなれゝば、一うたのこまかなる心ばへの、こよなくたしかにえらるゝことおほきぞかし

成章は、『あゆひ抄』『かざし抄』などにおいて取り扱った特定の品詞の語義を明らかにするために、これの口語訳を試みている。しかもそれは、これらの品詞を含む一首の歌の意味を的確に理解するがためにあることは、『あゆひ抄』総論によって知ることが出来る。口語訳は古語理解の方法ではなくて、理解せられたものを解説する方法である。しかしながら、このような解説の前提として、古語のまったき理解、すなわち単なる概念的知的理解でなく、具体的、体験的理解を必要とする。口語への飜訳は、単なる機械的換言法を意味するのでなく、まさに語の内奥へ沈潜しようとする態度である。

この事実は、富士谷成章および同御杖《みつえ》の語義解釈の態度によってこれを知ることが出

来る。成章は、つとにその兄皆川淇園《みながわきえん》の学風に影響せられたものであろう。淇園の『開《かい》物学名疇論《ぶつがくめいちゅうろん》』の真意は、経書の字義を研究して、その内奥に秘められた真義を明らかにしようとするのであって、『実字解』『虚字解』『史記助字法』などのごとき著書は、その過程において成立したものである。淇園がこれらの字解に、口語をもって解説したことは、成章が『あゆひ抄』『かざし抄』における口訳の因由ともなったと考えられる。成章より御杖に、この学派の態度はますます明瞭に現れて来た。一助字をとっても、その内に動く思想の微妙な律動を看過することはしなかった。御杖の著、『俳諧天爾波抄《はいかいてにはしょう》』のごとき、『万葉集燈《まんようしゅうあかし》』のごとき、随所にその態度を見ることが出来る。御杖の主張する「倒語」の観念のごときも、この態度の発展したものと解すべきであろう。『北辺随筆』によれば、御杖は亡父成章の説として、「脚結《あゆひ》のをもじ」(巻一)、「助字のたぐひ」(巻二)、「詞の延約」(巻二)、「をとにの別」(巻四)、「にとへの別」(巻四)などの条下に、語義の微細な差別を論じている。富士谷学派の語法研究と共に、本期における語義理解の一展開として注目すべきである。

語の排列と文意の脈絡についての研究――中古文献の研究は、上代文献とは異なった語学上の研究を要求した。そこには、もはや用字法の研究も、仮名遣の研究も、その研究の主体ではなかった。中古文献の研究の勃興につれて、歌文の語法研究が起こって来たのは近世中期である。その源流を辿るならば、それは中世の「てにをは」研究の流れを承《う》けるものである。特に宣長の中古文献の解釈中に胚胎した語法、「てにをは」の研究は、後にも述べるように、語の呼応、断続、文の脈絡の研究であって、既に契沖も『代匠記』において注意したことであるが、『万葉集』を中心とした上代文献の研究中においては、いまだ組織的には整頓されなかったものである。(25)

文意の断続を明らかにするには、その語が切れる語か、続く語かを明らかにせねばならない。続く語なれば、いずれの語に続くかを明らかにする必要がある。かくして平面的な文の理解は、ここに立体的となり、従ってその中には、文の構造に対する注意を必然的に胚胎した。従来語の排列と、文意の脈絡との関係は、きわめて漠然と理解されて居ったが、宣長は、語の排列を通して、しかもその中心を貫いて流れる文意の脈絡を辿ることをゆるがせにしなかった。語の「筋」とは、すなわちそれである(『玉小櫛』巻七)。この考慮に基づいて、宣長はしばしば語の「かゝる所」について注意している。文字の外形を通して言語を再現しようとする時、単に外面的な語の排列を追うて文意の脈絡を辿ることでは、完全な言語の再現とはいうことが出来ない。語の排列を通して、その背後を流れ貫く文意の脈絡を考えることは、解釈の最も重要な点であって、話者の言語表現の真相を把握しようとするものにとっては、当然起こって来なければならない問題である。語の排列の奥に、語の断、続、懸などを探求することは、文の機械的分析を越えて、文の構造を明らかにすることであり、話者の想を還元することとなるのである。宣長の初期の註釈書、『草庵集玉箒《そうあんしゅうたまははき》』には、右のような見地に立って、在来の草庵集註釈を改めたいくつかの例を見出すことが出来る。

あくるまも霞にまがふ山の端を出《いで》て夜ふかき月のかげかな

の註釈を見るのに、『諺解《げんかい》』説は、「あくるまも霞にまがふ。山の端を出て云々」と断続を考えたのに対して、宣長は、「あくるまも。霞にまがふ山の端を出て。夜ふかき月のかげかな」とし、次のごとき今案を附して断続を改めた。

初句にてよみ切て、二の句より出てといふ迄を、引つゞけて見るべし(『草庵集玉箒』巻二)

『源氏物語玉小櫛』を見るのに、

此詞は下のいそぎ参るといふへかゝれり。此類つねにおほし。すべて語のつゞきのおだやかならず聞ゆるところは、下の文をよみもてゆきて、係る所を考ふべし。そ

の心得なくして、ゆくりなくつゞけて見る時は、たがふことおほかるべし（『玉小櫛』巻五）

とあるのは、「かゝる所」に対する注意を喚起したところのものである。右のごとき注意は、なお、「かくてもおのづから」「むすびつる」「右のおとゞの御中は」「たゞうはべばかりの」などの条によっても知ることが出来る。宣長の研究は、わずかに註釈書中に散見するに過ぎなかったが、かくのごとき研究が、古文の理解に必要なことは明らかなことであって、本居春庭に至って、始めて一つの独立した研究となった。

春庭の研究は、『詞通路《ことばのかよいじ》』下巻に、「詞天爾乎波《てにをは》のかゝる所の事」とあるのがそれである。この研究は、和歌の解釈および作法のためのものであって、春庭は、宣長の指摘した「かゝる所」の現象中に一定の規律を見出そうとしたのである。「かゝる所」の種類を大略三つに区別して、

一　次の詞へのみかゝる

二　一首の上に悉《ことごと》くかゝる

三　句を隔ててかゝる

とする。そして多くの実例に基づいて、「かゝる所」を示し、その説明には、春庭独得

の図式をもってした。例えば、

〔ひさかたの〕ひかりのとけき春の日にしつ心なく花のちるらむ

萩原広道の『源氏物語評釈』は、かかる方面の研究を考慮して、源氏解釈に一新生面を開拓したものである。橘守部《たちばなもりべ》には『文章撰格《ぶんしょうせんかく》』『短歌撰格』『長歌撰格』の著がある。文意の脈絡の研究は、その根柢に語法研究が与《あずか》って力あったことも見逃すことが出来ない。しかしながら、語の断続は必ずしも文意の脈絡とは直接には交渉しない。私は語の断続と文意の脈絡との関係について考察し、そこから国語における「文」がいかなるものであるかを考えようとした（論文二一、二二参照）。

二　語法研究の二大学派

一　本居宣長の「てにをは」研究

宣長の中古歌文の研究の意義については、「序説」第六項にこれを述べた。宣長の言語研究の目的は、言語を通して古代ならびに中古の精神を理解しようとするところにあるのであるが、その階梯である言語研究の方法は、あくまでも言語の外部に現れた形式に即して、それに基づいて内容を理解しようとするのであるから、言語の形式の微細な異同に留意することを怠らなかった。従来の研究に見られるような、みだりに語形を通略延約によって他の形に移行して説明するような方法はとらなかった。真淵の精神を継承した古代文献の研究については、なお右のような方法がとられたが、中古歌文の研究においては、既に述べた語義の理解の方法について見ても知られるように、この弊は著しく矯正された。語法の研究においても同様である。

　出るもとは、入るに対していへる語也。これらはいさゝかの事の様なれど、すべてかやうの所をよく見ざれば、作者の意あらはれず。又おのが哥よむこゝろえにもならぬ物也（『草庵集玉箒』巻三）

　二の句けりの時と、けるの時とは、詞の切るゝとつゞくとにて歌の意かはる也（同上）

宣長の語法研究は、彼の言葉に従えば、「てにをは」「活用」の研究である。そして、宣長が考えた「てにをは」あるいは「活用」ということは、いかなる意味を持つものであったか。このことは、宣長の語法研究を知ろうと思うものにとって、まず考えねばならないことである。

「てにをは」の名目が、漢文訓読上のテニヲハ点に出発し、後、和歌あるいは連歌の社会においてその概念内容が種々に変遷して近世に伝えられたものであることは、第一期ハ「歌学ならびに連歌の作法」の条下に述べたところである。従って、あらかじめ「てにをは」の内容をこれこれのものと予定して、それが各時期にいかに研究せられたかを見ようとするならば、はなはだしい誤解を招くであろう。国語学史を国語に対する意識の展開史として観察しなければならない理由はそこにあるのである。宣長が前期より継承した「てにをは」研究なるものは、ほぼ中世以来のそれであって、宣長はこれを承けて、さらにこれを詳密に大成したので、その大綱に至っては中世のそれと大差ないものと認めてよい。中世の「てにをは」研究が、その内容として、次の三の事項を包括していることは既に述べたことであるが、再びこれを顧みることにする。

一　単独のてにをは

二　呼応の関係

三　歌の留り、切れ

かくのごとき種々雑多な要素を包含しているのは、「てにをは」の名義によって研究せられた内容の時代的に変遷したものを同時に包含しているためであると考えられる。従ってこれを継承した宣長の「てにをは」の内容もきわめて錯雑したものであるが、右のごとき三綱目に従って考察することによって、ほぼ宣長の真意を把み得ると考えられる。そして宣長は、これら錯雑した内容を、単にそのままに継承したのでなくして、一つの「てにをは」観ともいうべきものをもって統一していることは注意すべきことである。宣長の「てにをは」研究を考察することによって、活用に対する宣長の考えをも明らかにすることが出来るのであって、宣長の語学的研究中から、いかなる過程のもとに、「てにをは」「活用」の研究が導き出されたかを考察することは、国語学史上重要にして、また興味ある問題である。

宣長の「てにをは」観は、『詞玉緒《ことばのたまのお》』に示されているが、宣長の初期の註釈書、『草庵集玉箒』を検することによって、その成立の過程のいくばくかを知ることが出来る。『玉箒』においては、「てにをは」は多く単独の品詞として取り扱われ、その意味、その用法について、解釈上また作法上の注意が述べられている。この単独の品詞としての

「てにをは」は、『玉緒』の一部を構成している要素であって、『玉箒』の註釈本文中に、「此事猶別に註す」とか、「猶此事別にくはしくいふべし」とかいう註記を『詞玉緒』に求めるならば、そこに詳細な説明があることより推して、『詞玉緒』は、実にこれら註釈書と並行して独立の語学的研究として計画せられたものであることを知るのである。また『玉箒』中の「てにをは」の用法に関する説明は、「てにをは」の用言への接続する有様を述べたもので、そこに活用研究への展開も暗示されている。例えば、願《ねがい》の「なん」を説明して、

かさたなはまら等の字よりつゞく也。証歌いと多し。これ定まれる格也。意得おくべし。又えけせてへめれ等よりもつゞきてねがふ心になるもあり(『草庵集玉箒』巻二)

とあるのはその一例である。

『てにをは紐鏡《ひもかがみ》』——右のごとき単独の「てにをは」の意味用法の研究と同時に、宣長は、一方、中世以来の「てにをは」研究の一内容である「呼応」の関係を組織立てて、ここに『てにをは紐鏡』なる一つの表を著した。『紐鏡』に表示されたものは、語それ自体ではなくして、語を貫く呼応の関係であって、中世以来のいわゆる「か、へ」「お

さへ」の関係が法則として厳存していることを示そうとしたものである。

てらし見よ本末むすぶひもかゞみ

みくさにうつるちゝの言葉を

と、本書に宣長が言うように、「てにをは」を一の品詞としてその内容を吟味する前に、三種にうつる(転ずる意)「てにをは」の法則として理解しようとする見地を示した。『紐鏡』中には一見雑然と後世のいわゆる助詞、助動詞および用言を包摂するように見えるが、宣長の言うところの「てにをは」は、かかる助詞、助動詞あるいは用言そのものを意味するのでなくして、かかる品詞に存する法則として「てにをは」を考えたのである。品詞的なものとして取り扱った場合でも、かかる法則の具体的に実現されたものとして考えているのである。これ実に宣長の「てにをは」観であって、『詞玉緒』の本質もまたこの法則の闡明《せんめい》にあったのである。

『詞玉緒』――本書は前述の『紐鏡』の三転の変化を骨子とはしているが、しかしそれはその全部ではない。宣長は、中世以来伝承の「てにをは」研究の各方面に亙《わた》って豊富な例歌をもって詳細な研究を遂げ、これを集大成した。以下、『玉緒』の本体を明らかにするために、その組織、問題、ならびに「てにをは」観について述べるであろう。

『玉緒』の組織を理解するためには、まずそれがいかなる目的のために著されたかを明らかにする必要がある。『玉緒』が「てにをは」の純然たる学問的記述を企図したものでなく、半ば古歌の解釈のために、半ば和歌の作法のために編述せられたものであることは、随所にその用意を見ることが出来る。語の解釈は、語の外形を出発点として、その内容である意味、使用法を探求するものであることは、用字法、仮名遣の研究の場合と同様であって、今、本書の「ばや」の条を見るのに(『詞玉緒』巻四)、

ばやに三種の別ありとして、

一、ばにやと言ふ意のばや

天の川紅葉を橋に渡さばや　たなばたつめの秋をしもまつ

二、ばやのやもじを下の語の切れる処にうつしてかにかへて意味を通ずるばや

心あてに折らばや折らん初霜のおきまどはせるしら菊の花

三、あらまほしと願ふばや

さ月こばなきもふりなん郭公まだしきほどのこゑをきかばや

これらの分類は、決して「てにをは」の記述的分類ではなく、最初に、外形的に見てまったく同一なものを摘出し来たって、その意味の相違を説明したのである。「と」の条

を見ても同様で(同巻五)、「とて」の意のと、「とも」の意のと、意味なきと、「与」字の意のとという風に外形を斉《ひと》しくするものをまず列挙するのである。次にこれらの外形的に斉しいものが、異なった意味に使用せられる徴証を求めなければならない。それはこれらの語の接続関係の相違によって知られる場合がある。右のとについて見るのに、「与」の字のとと、その他のとを識別する方法として、

常のてにをはのとは、上を切るゝ格の辞より受るを、此とはつゞく格の字より受くる定まりなり

と述べている。これはあたかも同音の語を、仮名の相違を根拠として意味の差別を識別しようとする解釈の態度に合致するものであって、今日においても「花咲かなむ」「花咲きなむ」「花なむ咲く」などのなむの識別に採られる方法とまったく同じである。右のごとき解釈の根拠として探求せられた「切るゝ」と「つゞく」ということは、すなわち用言の活用に関する事柄であって、「てにをは」研究がただちに活用研究に展開して行く経路をこれによって察知することが出来る。このように『玉緒』は、「てにをは」の解釈を目的として組織されたものであり、「てにをは」の分類も、そのような見地において試みられたものである。ただし、『玉緒』の編述の目的が、解釈あるいは表現に

あるということは、その研究内容を非学術的であるとする証左にはなり得ない。むしろ事実は反対で、解釈と表現とを根拠とした記述こそ、すなわち学術的記述に接近し得るのではないかと思う。それは用字法の分類にもいい得ることであり、ここにも該当することであって、ここにまた国語研究の方法論的示唆があると思うのである（論文三二参照）。

次に『玉緒』に取り扱われた「てにをは」の内容はいかなるものであったか。その一つは、右に述べた単独の品詞のごとくにして取り扱われた、「ばや」「と」「を」「に」のごときもので、その二は、呼応の関係である。その骨子をなすものは、『紐鏡』の三転の変化であって、第一類、「は」「も」「徒」、第二類、「ぞ」「の」「や」「何」、第三類、「こそ」、この三類の辞に対応する結辞の変化が中心をなし、『玉緒』は第一巻において、まず三転証歌と題して、この三転の変化とその証歌を挙げて『紐鏡』の証明を試みている。しかしながら宣長は、呼応の関係を『紐鏡』に述べた三転の変化のみに限定せず、なおその他の場合においてもこれを認めている。これは「てにをは」を、主として語の法則的なものにおいて考えようとした必然の結果であると言ってよい。例えば、

動かぬ言にて結ぶは（巻三）

いひかけにて結ぶは（同）

右の二つは、はに対する呼応の特殊な場合として注意したのである。

ましかば、これは下に必又ましといふ例なり（巻三）

ぞとかゝりてかなと結べる歌（巻四）

などの条を見れば、宣長がいかに広い範囲に呼応の法則を見出そうとしたかが分る。

その三は、歌の留り、切れに関することである。これは文意の接続、脈絡を「てにをは」の断続の吟味の上から考察したものである。国語においては、もちろん、文意の断続は品詞としての「てにをは」にのみよるものではないが、「てにをは」がこれに関わるところ最も重要なものであるから、「てにをは」の機能としてこれが取り上げられ、この機能を具現するものとして品詞的な「てにをは」が認められるようになったのは当然であろうと思う。宣長が、『玉緒』において歌の留り、切れを「てにをは」として論ずる時、やはり前の呼応と同様に、機能的なものを考えているのである。品詞的なものに先立って、このような機能的な抽象的なものが認識されたことは、一見先後を顚倒しているように感ぜられるが、それは「てにをは」が和歌の修辞論として発達して来たことを顧みれば首肯せられることであろうと思う。

留りより上へかへるてにをは（巻二）

ものをといふ留りはおほくは上へかへらず（同）

しての留りには、上へかへらず下に意をふくめて、いひすてたるもあり（同）

右のごとき留り、切れに関するものも、その本質をいえば、宣長のいわゆる「かゝる」という言葉によって総括されるところの文意の脈絡に関することであり、究極において、それは国語の文の本質に行き当るのである。

すべててにをはの辞にて留りて、上へかへる意の歌は、何れもみなその留りのてにをはの、かならず上の詞の切るゝ所へかゝるやうによむことなり（巻二）

国語の文は、それが切るる詞によってすべてをそこで完結していることを意味するのである。これは連歌における「切字《きれじ》」と本質を同じくするのである。このようにして、かかり、すなわち文意の脈絡の研究は、かかる脈絡を具現するものとしての語の断続の研究を導いた。宣長の「てにをは」研究、すなわち文を貫く呼応の法則にしても、留り切れの法則にしても、すべて語の断続ということを主要なものとしているのである。『玉緒』総論に、まず三転の変化あることを述べて、次に、

すべての詞づかひに、切るゝところとつゞく所とのけぢめあることを、まづわきま

へおくべし（『玉緒』巻一）

と言っているのはその意味である。語の断続ということと、「てにをは」の機能ということは、同一物を異なった側から見たことにほかならない。

そも〳〵切るゝ所とつゞく所とかはれる詞は、てにをはのとゝのへもかはり、きるゝつゞく同じ詞は、てにをはのとゝのへも又同じきは、いともあやしき言霊のさだまりにしてさらにあらそひ難きわざなり（巻一）

断続の最も著しいのは、断を表わす結辞《むすび》である。『玉緒』巻六は結辞についての所説であって、かかり辞に応じて結辞の変化する有様を述べたのであるが、その中に動詞・形容詞・助動詞の語尾変化を総括して述べているのは、これらの語そのものが研究の対象でなく、やはりこれらの語に具現された呼応の関係が大切なのである。しかしながら、これを、これらの語自体に即して考えればいうまでもなく活用の現象にほかならない。宣長は、まだこれらの活用については深い注意を向けず、わずかに『御国詞《みくにことば》活用抄』に、活用言の語尾の類似したものを類別して排列したに過ぎなかった。宣長の研究の主体は、むしろ呼応の関係、留り切れというような文意の脈絡を考察することであった。このことは、彼の「てにをは」観を見ることによって、いっそう明らかになることと思う。真の活用研究の成立は、宣長のいわゆる「てにをは」の法則とは離れた、純然たる語の接続関係の考察の中から生まれるべきものであった。富士谷成章の試みたものは、すなわちその接続の問題であったのである。

宣長が「てにをは」を品詞的なものとして取り扱わず、語を貫く法則的なものとして考え、かかる法則の具現として、「てにをは」を時に品詞的なものとして取り扱ったことは、後の国語学史家をして、その解釈に迷わせ、容易に真意を把握させなかったことであるが、これは宣長に始まったことでなく、和歌において「てにをは」が論ぜられたとき、そのような傾向があったということは既に述べたところである。すなわち『手爾葉大概抄』に、「てにをは」を説明して「以レ之定《ム》二軽重之心一、音声因レ之相続《シ》、人情縁《テ》レ之発揮《ス》也」と言われたことにもその意味が現れている。これは国語の実際がかかる傾向を導いたのであろうが、さらにこの「てにをは」に関する考え方を推し進めて行くならば、呼応や、留り切れを具現するところのものは、必ずしも「てにをは」に限らず、例えば用言の連体形はそれ自体で下の詞を修飾する機能を持つゆえ、それは「――の」「――なる」「――な」などの「てにをは」とまったくその機能を同じくする。また、形容詞連用形の「――く」の形は、それ自身で「――と」「――に」のごとき副詞を構成する「てにをは」と同一機能を持っている。切れる辞について見ても同様で、「てにをは」と同様に用言の終止形および体言も、またそれ自身で切れるところの詞である。「いろは四十七字皆切字なり」という切字の内容の拡充は、そのような意味において道理が認められるのである。宣長の「てにをは」研究が、その内容として品詞的な「てにをは」以外のものまで論じていることにも道理が認められると思う。宣長においては、いまだ法則的な「てにをは」と、品詞的な「てにをは」との関係が、論理的に充分思索されていないように思われる。この関係をさらに統一的に理論づけるならば、「てにをは」の本質ならびに国語における文の本質について、新しい見解が生まれて来るのではないかと思う（論文二一、二二参照）。

宣長の「てにをは」観――次に宣長の「てにをは」観について述べようと思う。宣長の「てにをは」観は、まずその著書の名称『詞玉緒』が、如実にこれを示している。宣長に従えば、「玉緒」は玉を貫く緒である（『玉緒』序）。いかに美しき玉も、これを貫く緒によって始めてその美しさを作りあげることが出来る。詞も同様にこれを貫く緒すなわち「てにをは」によって、乱れることなく、絶えることなく保つことが出来る。また宣長は言う。「てにをは」の整わないのは、拙き手をもって縫うた衣のようなものである（『玉緒』巻七、「古風の部」）。宣長に従えば、詞は衣の布であり、「てにをは」はそれを縫う技術であり、従って「てにをは」は、すなわち「てにをは」の整えを意味することになるのである。「てにをは」が品詞的なものを意味せずして、もっぱら語法として考えられているということは、右の比喩をもっても明らかである。かかる見地からして、宣長は、「てにをは」をもって漢文の助字に比較する説を排斥した（『玉緒』巻一）。「てにをは」には本末かなえあわせる定まりがあることをもって助字と截然《せつぜん》と区別しようとしたのである。換言すれば、宣長は、「てにをは」に文を統一体たらしめる重要な機能を認めようとしたのである。宣長の「てにをは」観は、多く比喩的に述べられているが、我々はそこに宣長独得の見地を窺い知ることが出来るであろう。宣長の考えをさらに別の言葉をもっていえば、宣長は、「てにをは」とその他の詞との間に、次元の相違を見出したのである。一つの衣服において、衣服の各部分はそれぞれ同一次元のものであるが、衣服を衣服たらしめる裁縫の技術は、衣服の各部分を統一するものとして、別の次元に属するものというべきである。玉と緒との関係も同様である。「てにをは」がたとえ法則を具現する品詞的なものを意味する場合においても、やはりそこに次元の相違を認めなければならない。

この次元的相違に対する宣長の考えは、しかしながら、宣長において突如として現れたものでなく、既に『手爾葉大概抄』において示されている。そこには詞を寺社に譬《たと》え、「てにをは」は寺社に対する荘厳《しょうごん》であるという風に説かれている。また「てにをは」をもって樹木の何であるかを示すところの葉に譬えられている（『春樹顕秘抄』）。葉をもって、樹木の一部であるとするならば、それは他の部分に対して同一次元のものであるが、葉をもって樹木の象徴であると考えた場合には、それはもはや同一次元のものではない。このような「てにをは」観が宣長の考え方に影響を及ぼしたと考えられると同時に、宣長の考え方はまた後世に影響を与えた。

宣長門下の鈴木朖《あきら》は、いっそうこれを明瞭にして伝えた。朖は、その著『言語四種論《げんぎょししゅろん》』に、語を体《たい》の詞、形状《ありかた》の詞、作用《しわざ》の詞、「てにをは」の四種に分ち、「てにをは」とその他の三種の詞を対立させて、これを比較して次のごとく述べている。今、便宜上、表に作ってみると、

三種の詞	てにをは
さす所あり	さす所なし
詞あり	声なり

物事をさし顕《あらわ》して詞となり　　其の詞につける心の声なり
詞は玉の如く　　緒の如し
詞は器物の如く　　それを動かす手の如し
詞は「てにをは」ならでは働かず　　詞ならではつく所なし

右によって、宣長の意味するところのものがより具体化されると同時に、そこには次元的相違の認識が明らかに比喩をもって示されているのを見ることが出来るであろう。私は右のごとき次元的相違の考えをさらに発展せしめて、詞と「てにをは」との本質的相違を明らかにし、一般に語の本質を検討すると同時に、「てにをは」をもって、詞を包むものと考え、「てにをは」の機能を詞に対する総括機能と考え、そこに国語における文、すなわち思想表現の統一性を明らかにする足場を求めようとした（論文二一、二二、三〇参照）。

「てにをは」法則不変の観念――以上をもって宣長の「てにをは」観の大体を終るのであるが、これに関聯して、宣長の「てにをは」法則不変の観念を附け加えたいと思う。宣長は、「てにをは」に整然たる法則の存在することをその実証的研究によって確認すると同時に、かかる法則は神代以来不変のものであり、またこれを不変に維持しなければならないものであることを信ずるに至った。

てにをはは神代よりおのづから万のことばにそなはりて、その本末をかなへあはするさだまりなん有て、あがれる世はさらにもいはず、中昔のほどまでもおのづからよくとゝのひて、たがへるふしはをさ〳〵なかりけるを云々（『玉緒』巻二）

右の宣長の法則に対する考えに対しては、後に義門が『玉緒繰分《たまのおくりわけ》』にも批判したことであるが、宣長が、「てにをはには本末かなへあはするさだまりなん有て」と述べて、これを意識的に整えることによって成立したもののように考えられているのに対して、義門はこれを自然に整うものであると解したのである。意識的に整えたものであると考えたがゆえに、時代が降《くだ》るに従って、「てにをは」の法則に合致しないものが出来るのは、法則に対する無知から生まれたものであるという風に考えた。『玉緒』が著述された重要な理由は、今においてかかる法則を認識して、それに従わしめるという規範的な意味があったのである。これはあたかも契沖が、古代においては、人がみな賢明であったがゆえに仮名遣を誤ることがなかったと考えたのと同軌である。

宣長はかかる法則が神代より不変のものであるべきを確信した。宣長の「てにをは」研究は、その資料を『古今集』以下『新古今集』に至る八代集にとったのであるが、そこから帰納された整然たる法則は、八代集それ自身が宣長において和歌の理想と考えられたことと聯関して、かかる法則に絶対の権威を認めるようになったのである。そしてこれを中古の散文に及ぼし、上代の言語に及ぼし、法則が不変であるべきことを主張したのであって、それは実証的研究による結論というよりも、演繹的な推論というべきであった。そこには時代の懸隔に対する顧慮というものが無視され、やがて批判の余地を残したのであるが、「てにをは」研究の輝かしい成果というものは、学界を光被して、言語の霊妙なことを悟らせ、言語研究に大きな刺戟を与えたのである。「てにをは」不変の法則に対する信念と、現実に存する言語の歴史的変化の認識との矛盾はやがて学界に一つの問題を投ずるようになった。これは後に述べる活用研究についても同様なことがいえるのである。義門はその著『指出《さしで》の磯《いそ》』『磯《いそ》の洲崎《すざき》』の中に、一方には宣長および春庭(後に述ぶ)の「てにをは」、「活用」などに定格があって、古来不変であるとの考えを肯定しつつ、一方には現実に存する定格違背の例に直面して、いかにこれを調和させるべきかについて苦心したことが語られている。それについては義門の研究を述べる際に説くこととする。

二　富士谷成章の文の分解および語の接続についての研究

本居宣長と時を同じくして、富士谷成章は、同じく歌道入門の階梯として、歌語の語法を宣長とは別個の見地に立って研究を始めていた。宣長・成章の両研究は、後世「てにをは」研究の始祖のごとく考えられて来たが、両者の研究は、後世のいわゆる「てにをは」（助詞としての）、「活用」のいずれの領域にも跨《また》がっていて、実は「てにをは」「活用」以前の未発展、未分化の研究であったのである。我々はこの両者の研究中に、「てにをは」そのものの研究を見ようとすべきでなく、むしろ国語研究展開の種々なる萌芽を見るべきであり、この両者の研究を、「てにをは」研究という概念をもって塗りつぶし、同一研究事項の同一研究であるという既成観念を棄てて、ひたすら両者の見地をあるがままに観察し、そこに現れた国語に対する意識および研究方法の相違を観取すべきである。国語の本質は、その一面を宣長の研究中に現わし、他の一面を成章の研究中に現わして、両者の研究を通じて、国語がいかに意識せらるべきかを示唆するのである（論文六参照）。

成章の研究は、歌学の階梯として、まず文を分析して、今日の単語に類するものを抽出することから始まる。その目的は分析せられた語を、再び結合するに当って、そこに一定の法則を見出そうとすることであって、この語の分析綜合をもって、成章の和歌作法を目的とする語法研究は成立したのである。成章によって分析せられた語の品目は、

名《な》
挿頭《かざし》
装《よそひ》
脚結《あゆひ》

の四種に分たれる。この成章独得の語の分類の名目は、宣長の『玉緒』におけるがごとく、比喩に基づいて成立した。宣長は、「てにをは」を詞の緒として考えたのに対して、成章は言語を一個の人体に比較し、分析せられた語を、その人体の各部に配当して命名した。この中、名はこの比喩から除外されている。この四種の語の組み合せによって、まったき一個の人体、すなわち統一された表現が出来上がるのであるが、その組み合せがはなはだ困難である。人体においても、挿頭と装が統一調和されなければならないように、言葉においても、新しい挿頭に古い装を組み合せることは不調和を来たす。ここにおいて、我々は明らかに宣長と成章との言語に対する見地が相違するのを見出すであ

ろう。宣長は、語を貫く本末の呼応、留り切れにおいて法則を見出し、成章は語と語との組み合せを問題にしようとしたのである。

宣長の「てにをは」研究が、中世のそれの継承であるのに対して、成章のこのような結合の見地は何に基づくのであろうか。かつて宣長・成章両者の研究の交渉関係が学界の問題となって、上田万年博士は次のような解決を下されたことがある。それは、この両学派は、直接相互に交渉関係は認められないが、両学派は、ともに中世以来の「てにをは」研究書を母胎としてそこから分派し、各々独自の研究を開拓したものであるというのである。しかしながら、両学派の研究をよく検討するならば、言語に対する見地をまったく異にしているのであって、成章の考えは、まったく別個の源流より流れ出たものではないかということが考えられる。その源流と推定されるものは、漢語学における語の分類法である。漢文においては、古くから実字、助字、虚字などの語の分類があり、我が国の漢学者〔伊藤〕東涯《とうがい》、〔荻生〕徂徠《そらい》、〔太宰〕春台《しゅんだい》らにも類似の分類法がある。そして成章の兄である皆川淇園は特に語学的研究をもってその経学の方法とし、『助字解』『実字解』『虚字解』などの著書のあることは既に述べた。成章はこのような漢語学的方法、すなわち文を分解して、個々の語に分ち、それらを一定の範疇に所属させる方法をもって国語に臨んだのではないかと考えられる。次に成章の著書に基づいて、学説の成立の経過の大要を述べることとする。

『**あゆひ抄**』——成章は、語を四つの位に分類するのであるが、その方法は、一つの統一体である文を分解して、その位置に基づいて命名したものである。『かざし抄』総論には次のごとき分解が例示されている。

挿　脚　名　装　脚　名　脚　装　脚　挿　挿　名　脚　装　脚
（いつ（とても（月（み（ぬ（秋（は（なき（ものを（わきて（こ（よひ（の（めつらしき（かな

しかしながら、右のごとき分解の作業は、語が個々孤立している漢文の場合と異なり、国語においては分解それ自体が困難であると同時に、分解された個々の語の結合においてはなはだ複雑である。それは、国語が常に連綿相関の状態をもって結合されているからである。ここにおいて語の分解は、同時に語の結合における法則の研究を導き出したのである。『あゆひ抄』の研究は、実に「あゆひ」を中心として、それが他の語といかに結合するかの、語の接続関係が主体となるのである。以下、叙述を簡単にするために、「あゆひ」を助詞、「よそひ」を用言として解説することとする。『あゆひ抄』すなわち助詞の研究は、その助詞がいかなる接続関係をなすかということに基づいて、属《たぐひ》、家《いへ》、倫《とも》、身《み》、隊《つら》の五種に分類される。この分類の名目ははなはだ奇異に感ぜられるであろうが、思うにみなそれぞれ一族、一類あるいはグループを意味するに過ぎないものであろう。この五種の助詞は、まず次のごとき接続関係を考慮に入れて二つに分れる。

属 家 ｝名を受く

倫 身 隊 ｝名を受けず

さらに、それぞれの助詞を、その意味の上から、活用の上から、職能の上から同類と思われるものを一括したのである。次に『あゆひ抄』の内容組織を観察して、成章がいかなる点に特に意を用いたかを見るのに、

一、助詞の接続法を明らかにしたこと

二、助詞を口語（成章のいう里言）に飜訳したこと

三、各々の助詞に他の助詞と結合した複合助詞（成章のいう「継あゆひ」）を挙げたこと

四、例歌をもって証拠としたこと

などを挙げることが出来るが、特に第一の研究は、最も精密をきわめ、助詞の接続すべき状態を明らかにしている。『あゆひ抄』を検するのに、それは次のごとき体裁によって説明されている。例えば、「や」「か」「つる」などの条を見ると、それぞれの助詞の条下に、

何や
何か
何つる

というふうに標出されて、その下に説明が加えられている。この何は、それぞれ「や」「か」「つる」などの助詞に接続する語を示す代りに、その代用として冠らされたものである。そこで同様にして「よ」の条を見るのに、

何よ　何は名頭脚事の引靡也

のごとき註が加えられて居って、何がいかなる語でなければならないかをさらにつまびらかに規定している。この場合には、よが接続するところの語は、「名」すなわち名詞。「頭」すなわち挿頭《かざし》であって、代名詞、副詞、感動詞、接続詞など。「脚」はすなわち脚結《あゆひ》であって、助詞。事の引《ひき》あるいは靡《なびき》は用言の活用語尾であって、今日言う連体形に

相当する（後に述べる『装図《よそいず》』を参照）。これらの語に助詞よが接続することが明確にされるのである。これは実に、助詞と結合的綜合を予想したところの分解であって、宣長が、助詞を常に呼応あるいは文意の脈絡の機能を表わすものとして見ているのと著しい対照をなすものである。

第二の研究は、既に「語義の研究」（第二期八）の条に述べたことで、里言解すなわち口語訳は、成章の特に力を入れたものである。

第三の研究は、宣長の『玉緒』にもあることであるが、助詞と助詞との複合を示したもので、第一の接続関係中の特殊のものと見ることが出来る。何のみの条を見ると、「に」「て」「を」「んと」「すと」「か」「と」などはこれを上に受け、すなわち、「にのみ」「てのみ」などとなり、「ぞ」「こそ」「や」「やは」「と」などは下に着く。すなわち、「のみぞ」「のみこそ」などとなる、というように示されて居って、従ってのみはその上下いずれにも助詞を接続させることが出来る。

第四に、成章は、その語学研究が和歌作法の階梯であるという考えから、引例を八代集特に三代集に求めている。

『装図』――『あゆひ抄』の助詞の研究は、その主とするところが、助詞の単なる意

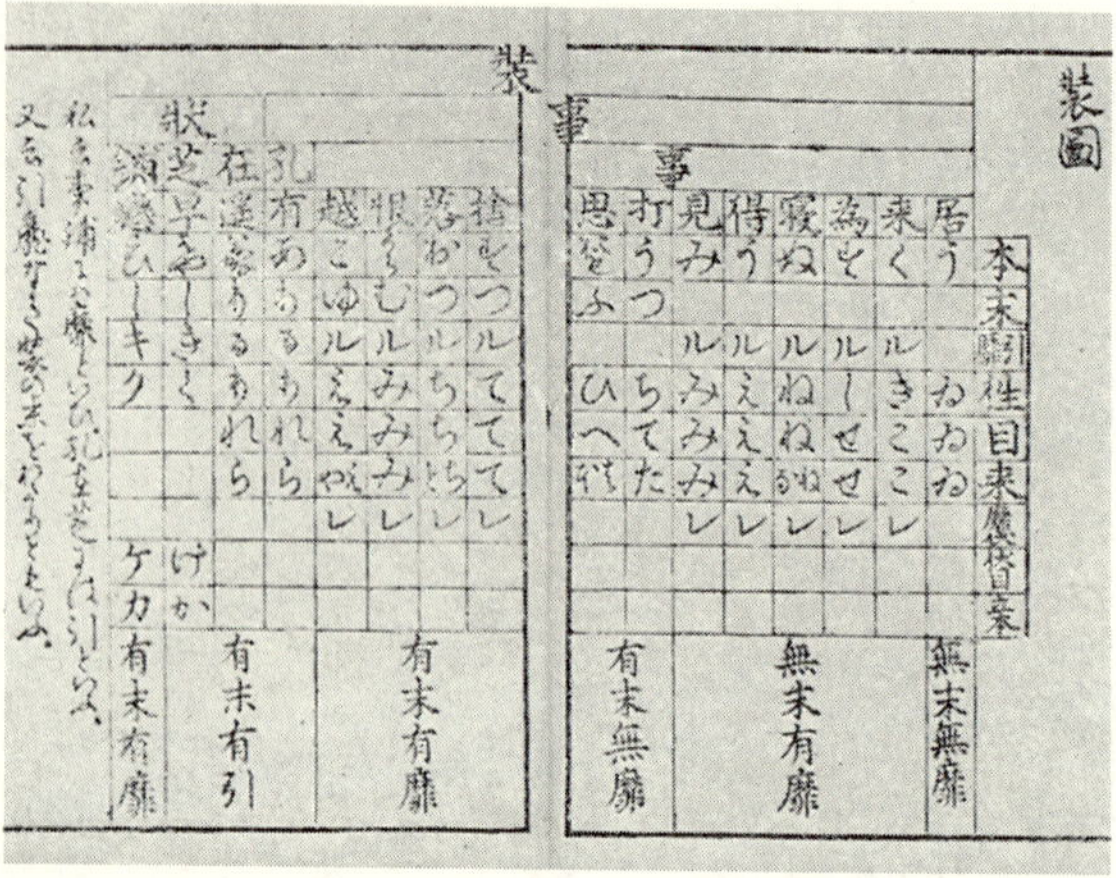

味的分類でなくして、接続関係を主とする助詞の分類であり、研究であるから、『あゆひ抄』それのみではいまだ完成したものでなく、当然それが接続する語についても考慮されねばならないことが予想される。すなわち被接続語である、「名」「かざし」「よそひ」などの研究がそれである。「名」は名詞であって、これについては特に注意を必要としない。「かざし」は『かざし抄』によってその内容を知ることが出来る。また「かざし」はその接続においてさまで複雑ではない。問題は「よそひ」である。装《よそひ》、すなわち用言は、脚結《あゆひ》、すなわち助詞との接続においてきわめて複雑な形の変化を

示す。成章に『よそひ抄』といわれる著書があったように記されているが今は伝わらない。ただ、『あゆひ抄』中に、『装図』というものが載せられてあって、その研究の骨子を知ることが出来る。よそひ、すなわち用言の困難な点は、それが助詞と接続する場合にきわめて複雑な接続面の変化を伴うことであって、この変化の状態を明らかにしなかったならばよそひと助詞との分解は単なる分解に終ってしまうのである。『あゆひ抄』の「よ」および「な」の条を見ると、

何よ　何は事の引靡

何な　何は状の末

「よ」および「な」が接続するのは、「事の引靡」「状の末」と規定されている。この「事の引靡」「状の末」は共に用言の接続面を示したのであって、助詞「よ」および「な」はいかなる用言の接続面にも接続するとは限らないことを明らかにしたのである。この「事の引靡」「状の末」がいかなるものであるかは、これを『装図』によって検出しなければならない。かように見て来ると、『あゆひ抄』における助詞の研究は、用言の接続面を予想しなければ成立し得ないのであって、この二つの研究は相並行して進められたものであることを知るのである。『装図』は右図のようなものであるが、この図

がいかなる意味を表わしているかということは、きわめて大切なことである。まず本図の構成について検することとする。

『装図』は、まず用言を二つに分けて、〈事《こと》〉と〈状《さま》〉とする。事と状とはさらに細分されて、〈事〉、〈孔《ありな》〉、〈在《ありさま》〉、〈芝《しざま》〉、〈鋪《しきざま》〉の五とする。その下にそれぞれ所属する用言を配当する。この用言の分類基準は、接続面の異同に基づくのである。これを表にして示せば、

装
- 事
  - 事……居《う》、来《く》、為《す》、寝《ぬ》、打《う》つ、思《おも》ふ、など
  - 孔……有り
- 状
  - 在……遥かなり
  - 芝……早し
  - 鋪……恋し

配当された用言は、図に示されているように、それぞれその変化する接続面を持っている。例えば、「打つ」という語について見れば、「つ」「ち」「て」「た」は、すなわちその接続面であって、それらの接続面にはそれぞれに名称が附されて居って、末《すゑ》、往《きしかた》、

目《めのまへ》、来《ゆくさき》というように呼ばれる。『装図』の構成は右に尽きるのであるが、もしこれを活用図と呼ぶならば、活用図は用言の語尾、すなわち他の語への接続面を排列組織したものであるということが出来るのである。再び『あゆひ抄』に立ち返って、

何よ|　何は事の引靡

何な|　何は状の末

右の註記に従って、**何**を『装図』に求めるならば、次のごとき接続を得るのである。

よ|…………来る(事の靡)よ|　捨つる(同上)よ|　有る(事の引)よ|

な|…………遥かなり(状の末)な|　早し(同上)な|　恋し(同上)な|

このようにして、一度分解せられたものは、その接続面を明らかにすることによって、再び結合することが可能となり、結合により完全な表現を獲得するのである。かくのごとく『装図』の本質は、用言と他の語との接続を示すために作られたものであるということが出来るのである。従って、『あゆひ抄』および『装図』の研究は、外面的にはそれぞれ独立したもののようではあるが、その内面においては、まったく統一あり、聯関あるところの用言助詞の接続の研究であったということが出来る。

この成章の、文の分解的方法によって創作された『装図』は、我が国語研究中の活用

研究および活用図の濫觴《らんしょう》であるというべきである。従来、真淵の『語意考』に示された初、体、用、令、助の名称およびその図が活用図の起源と考えられたが、既に述べたように(第二期ハ「語義の研究」の項)、真淵のそれは接続ということを全然考えに置かないものであり、かつ、語尾の変化を示したものというよりは、五十音図の音義的見解の一証左として用言の語尾を持ち来たったものであるということが出来るのである。成章の活用図は、一応は、五十音図とまったく無関係に成立したということも注意しなければならないことである。それは成章が特に接続面を主眼として組織した結果であると考えられるのである。

宣長と成章とは、同じく中古の和歌を主たる資料として、助詞の研究を試みたにもかかわらず、その研究の結果において、まったく異なった国語の事実を闡明にしたということは、国語学史上、注意すべきことであると同時に、国語の現象を考察しようと思う者にとって大きな示唆を与えるものということが出来る。

ホ　鈴木朖の両学派統一——用言の断続の研究

宣長の係結、留り切れを主とする「てにをは」研究、成章の文の分解による語の接続の研究、この二つの研究は、ともに後世の「活用」、「てにをは」の研究を起こすべき先駆をなしたのであり、両者が斉《ひと》しく国語を対象としながら、まったく異なった現象に着目したことは、国語学史上の興味ある事実であることは既に述べた。この二つの異なった研究は、鈴屋門下の鈴木朖《あきら》によって融合統一され、やがて春庭、義門の活用研究の展開への道を開いた。

鈴木朖の活用研究は、従来、流布の『活語断続譜《はたらきことばきれつづきのふ》』（柳園叢書本）によって論ぜられたために、久しくその真価が認められず、従来の国語学史においてはほとんど顧みられず、たまたまこれを論ずるものも、『断続譜』をもって春庭、義門の糟粕《そうはく》を嘗《な》めたものに過ぎないとして、その価値を認めなかったのである。それは流布の『断続譜』には春庭の『詞八衢《ことばのやちまた》』、義門の『和語説略図《わごせつりゃくず》』にあるところの名称が加えられてあるために、朖がそれらの著書によって制作したものと誤認されたがためである。しかしながら、この流布の『断続譜』を仔細に見て行くならば、『八衢』『和語説略図』に用いられた名称が、全体の表の組織とはきわめて不調和な形で書き入れられていることを見出すであろう。そこで私は、恐らくこの書き入れは後人の加筆か、さもなくば朖が原『断続譜』を

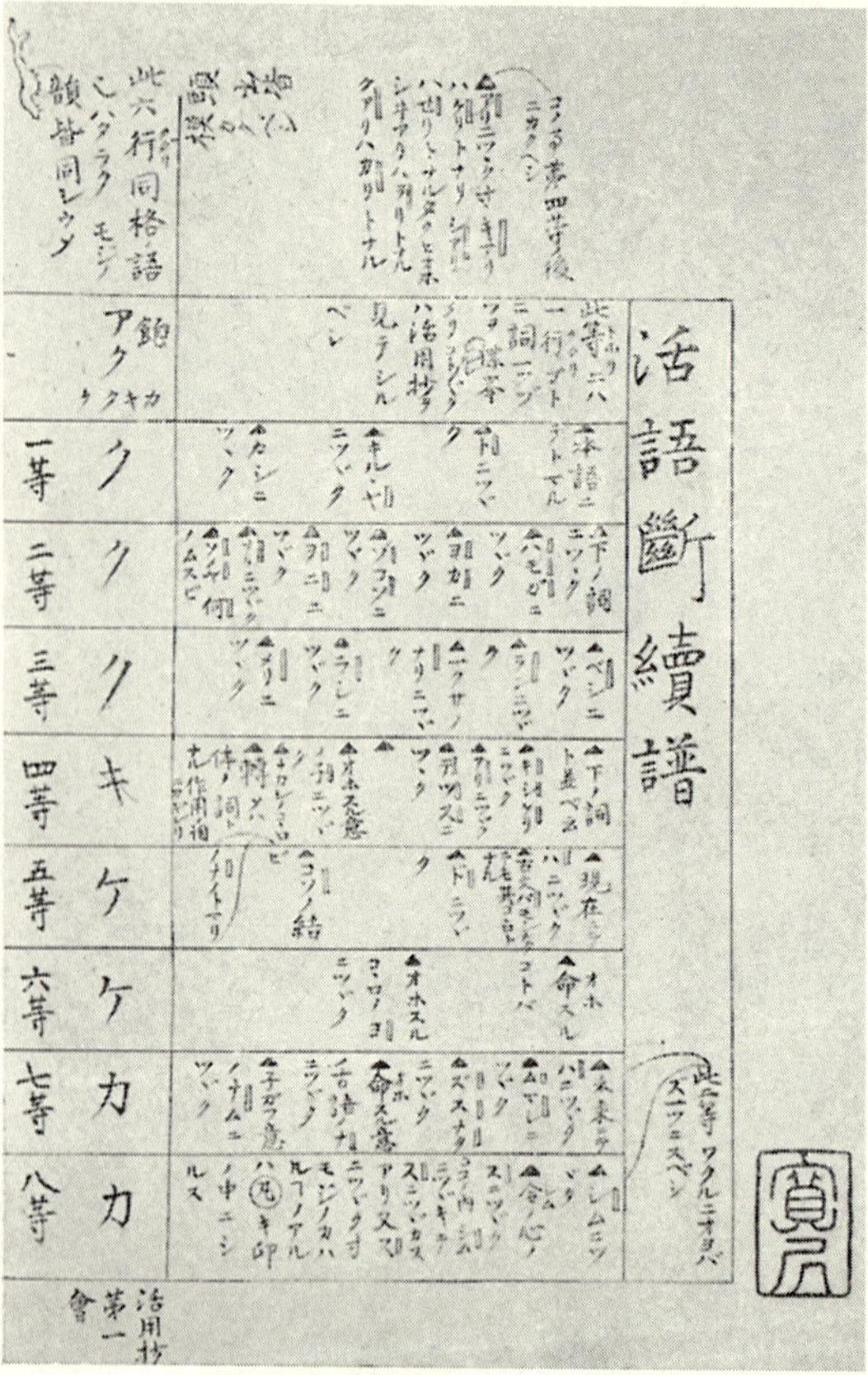

神宮文庫本「活語断続譜」一枚の表

制作した後に、参考のために他の学者の説を記入したのではあるまいかと推定し、従って流布本以外に原形を持った『断続譜』が存在すべきことを予想した。

大正十三年〔一九二四〕秋、神宮文庫図書目録に写本『活語断続譜』が登録されてある旨の御教示を橋本〔進吉〕先生より受け、親しく同文庫を訪れたのであるが、そこに、恐らくこれが原本あるいはそれに近いものであろうと推定されるものを発見し、先の予想の適中したことを喜んだ。神宮文庫所蔵の写本『活語断続譜』は、流布の板本と異なり、『八衢』以後の学説の書き入れなく、朖の原著もしくはそれに近いものであると想像される体裁を持ち、かつ、中に訂正の個所もあって、『断続譜』の成立過程そのものを知るためにも重要なものである。私は本書に従って、以下、本書が成章と宣長との研究を融合統一したものであり、鈴木朖は事実上、本居語学と富士谷語学との統一者であり、両学派の統一によって始めて国語学が輝かしい発展をなした所以を明らかにしたいと思う〔論文二参照〕。

まず始めに神宮文庫本の組織について略述する。本書はまず横に用言の代表的なもの二十七種を摘出して、これに「会」(26)の名称を附し、第一会、第二会と順を追うて排列する。次に縦にこれら用言の語尾、すなわち上に述べて来た用言が他の語に接続する接続面の変化を八段に区別し、これに「等」の名称を附し、一等より八等に至る。七等と八等とには括弧を附して、「此二等ワクルニオヨバズ一ツニスベシ」と註記してあるゆえ、始め原著において八等に分ったものを、後に七等に分つようにしたものであることが分る。次に本譜の右方に各等ごとに、これら用言の断続の有様を示している。すなわちそれが止り、結びとなる有様、およびそれに接続する助詞およびその他の語を摘記している。『活語断続譜』の組織の大略は、以上のごとくであるが、この図の本質が何であるかは、本譜の名称およびその組織が示すように、活語の「断《きれ》」および「続《つづき》」の図表であって、その本質において『装図』とまったく同じである。

次に本書がいかなる先行の諸研究を取り入れているかを見るのに、横に排列された二十七会の用言の排列は、宣長の『御国詞活用抄』の二十七会を大体において踏襲し、これを簡略にしたものである。次に縦の八等の区別は何に基づくかというのに、宣長の『活用抄』においては、用言の語尾は、その第一会においては、カキクケと五十音図の段の順に従っている。ところが、本書においては、ククキケケカの順になって居って、宣長のそれとは異なっている。しかるに成章の『装図』の「打つ」の語尾は、ツチテタとなり、その韻の順序において本譜とまったく同じである。この両者の一致は、偶然の暗合と見るには、あまりに類似して居って、これは『断続譜』が『装図』を背景に持ち、これを粉本《ふんぽん》としたと考えるほかに解釈の道がない。既に述べたように、『装図』と本譜とは、その本質において同じものであると考える時、いっそう右の推定には根拠があるといわなければならない。

次に右方の断続の註記の中には、二等の段に「ゾノヤ何ノ結」、五等の段に「コソノ結」と記されているが、これは『玉緒』の係結の中の結辞たるべき語尾を示したものである。その他、接続する助詞について、例えば一等の段に「トニツヾク」「キル、ヤニツヾク」「カシニツヾク」とあり、二等の段に「ハ モ ガニツヾク」「ヨ カニツヾク」などとあるのは、『あゆひ抄』に示された助詞と、『装図』の活用語尾とを一つの図表に綜合したものである。『あゆひ抄』は、助詞がいかなる用言に接続するかは明示したが、反対に用言の各語尾にいかなる語が接続するかは明らかにしていない。単に用言の語尾に、本、末などの名称を附して置いたに過ぎなかった。

本譜は、『あゆひ抄』が当然明示すべきであった用言の接続面と、それに接続する語を図に表わしたのであって、まさに『装図』の当然の発展というべきである。以上のごとく、本譜の内容を検して見るのに、本書は、宣長の『御国詞活用抄』『詞玉緒』、および成章の『あゆひ抄』『装図』が綜合されて成立したものであることは疑いない事実である。すなわち宣長の文の脈絡終止の研究と、成章の語の接続とが合体し、用言を主体とする断続の研究が成立したわけである。活用を、用言と「てにをは」との断続の関係であるというならば、本書において始めて具体的な活用図が成立したといわねばならない。成章の活用研究に用いられた煩瑣な術語は一切払拭されて、しかも活用研究としての本質が立派に生かされている。従来、成章の研究は、国語学史上の彗星的出現のごとく考えられ、後継者なく衰えてしまったものと考えられ、これに反して本居学派は、独り活用研究の主流をなすもののように見られたのであるが、本書の内容を吟味することによって、成章の研究こそ活用研究の淵源をなすものであることが明らかにされたのである。

へ　本居春庭の活用研究の継承と展開――用言における段の発見。

国語学史上における本居春庭の名声は、活用研究の創始者と考えられたために、その著『詞八衢』とともに従来あまりにも有名であった。もし鈴木朖の活用研究を無視して、春庭の業績だけを見るならば、誰しもその天才的な組織的能力に驚歎しないわけにはいかない。しかしながら、そこには歴史的必然の展開を越えたものを見出さざるを得ないのである。前項において述べた神宮文庫本『活語断続譜』の発見によって、私は春庭以前における活用研究の自然の展開の次第を述べて来たが、今、春庭を、鈴木朖の継承者としての位置に置くことによって、活用研究の自然の展開と、活用そのものの本質を理解することが出来ると思うのである。従来、信ぜられて居った国語学史上における春庭の位置を、右のように顚倒させることは、必ずしもそのことによって春庭の学者的功績を無にすることにはならないのであって、むしろそれによって、春庭に対する真の理解――超人的天才としてでなく――に到達することが出来ると信ずるのである。春庭の研究は、『詞八衢』『詞通路』をもって知ることが出来る。

『詞八衢』――既に鈴木朖は成章の研究を基礎として、これに宣長の研究を加え、用言の断続を主体とする活用図を組織した。『八衢』は、この活用図すなわち『活語断続譜』をとって、さらにこれに一段の整理を加えたものである。『八衢』が『断続譜』に負うものであることは、その内容の批判によって知られるのであって、『八衢』自身にそれについての記載が存するわけではないが、ここに一つの有力なる証言が存在する。かの神宮文庫本『活語断続譜』を披見して後、私は、『断続譜』が『八衢』に影響を与

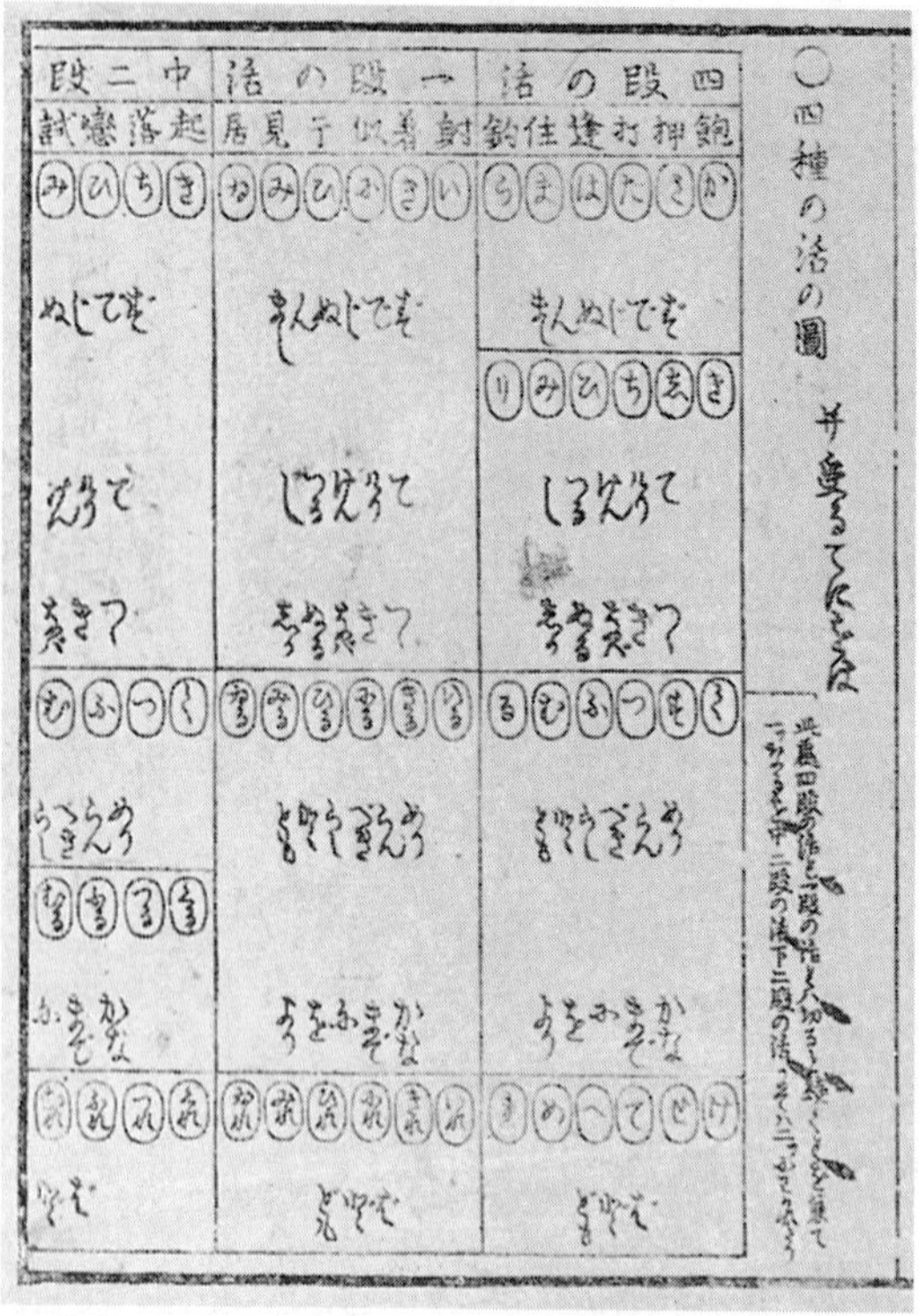

四種の活の図

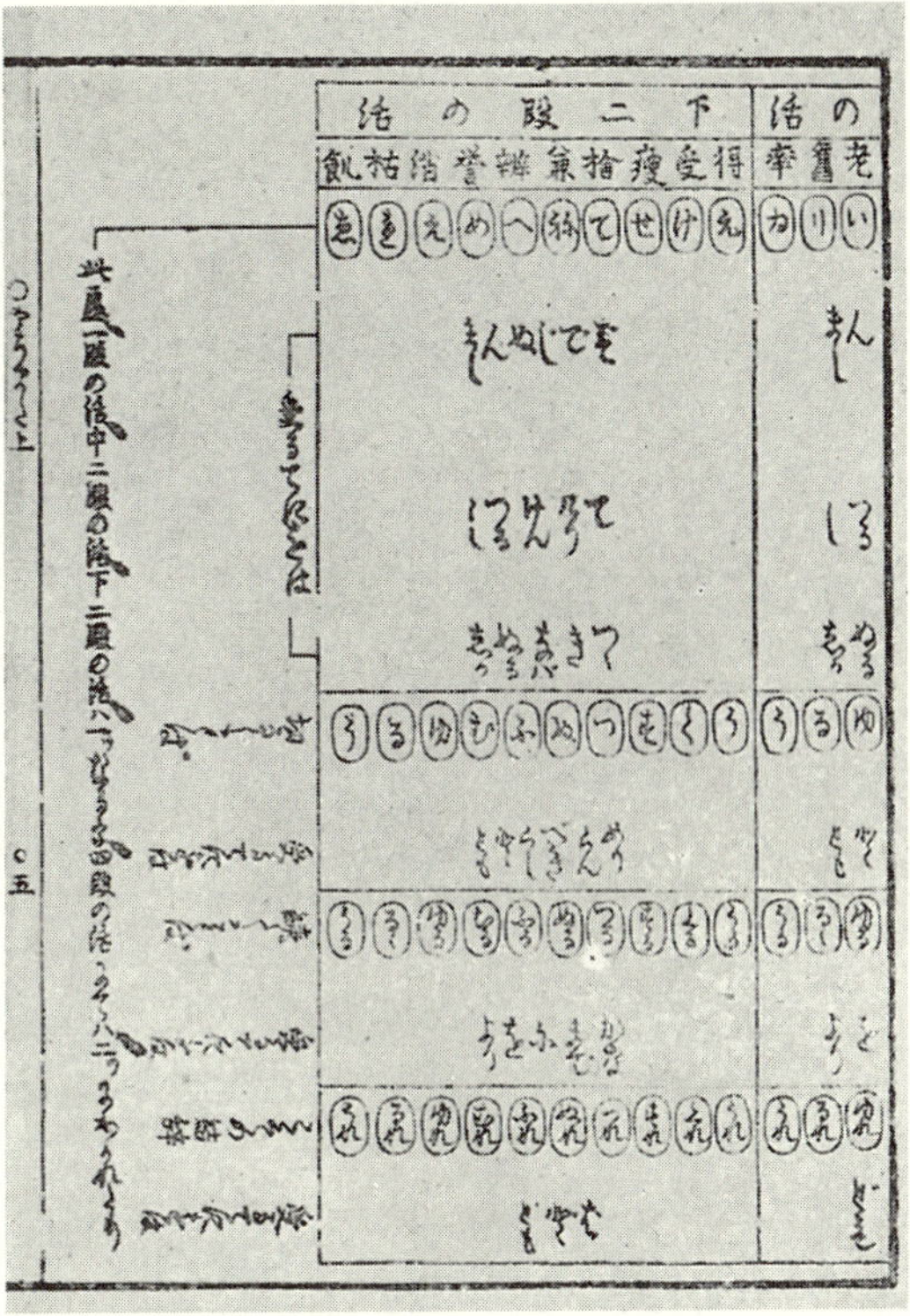

『詞八衢』

えたであろうという推定を助ける傍証を捜索して居った時、たまたま橋本先生の御配慮によって岩崎文庫所蔵の『御国詞活用抄』を閲覧する機会を得た。しかるに本書の巻末にある高橋広道の跋文に、次のような記載のあるのを見出した。

この書(『御国詞活用抄』)はいにしとし鈴屋の君おほしたちぬるを榛木《はりのき》の翁(田中道麿)撰《ひろ》ひあつめわが鈴木先生(朖をいう)あらため正し給へる也。其後、後の鈴屋の君(春庭)この書と先生のつくり給へる断続の譜とをひとつにして猶こまかにものしてことばのやちまたといふ書をつくり給ひてけり

右の記載は、まったく私の予想を裏書したものであって、これによれば、春庭の『八衢』は、『御国詞活用抄』と『活語断続譜』とを統一したものであることが明らかである。なおこのことは、『八衢』の組織を検討することによっていっそう明瞭になるであろう。

『断続譜』の用言の分類ならびに排列の方法は、宣長の『御国詞活用抄』の二十七会の分類および排列法に従ったために、用言の種類は未整理のままに終った。元来、宣長の『活用抄』における用言の排列は、五十音図を背景にして整理を加えたものであるが、語尾の韻を基本とせず、カ行、サ行などの行を基本としたために、カ行に属するもの、

サ行に属するものという風に分類されて、煩雑な体裁を持っていた。春庭が『詞八衢』において用言を整理するに当っては、まず第一に『活語断続譜』における用言と他の語との接続ならびに用言の断続の関係から生ずる用言の語尾すなわち断続面を、再び『御国詞活用抄』に立ち返って五十音図を背景として整理を加えようとしたのであるが、その時は、韻を等しくするものを採って一括する方法を試みた。例えば、

明《アク》　カキクケ(『御国詞活用抄』第一会)

織《オル》　ラリルレ(同、第六会)

右は、宣長においては、第一会、第六会の別の所属であったものが、春庭においては、ともにアイウエの韻に変化するという理由で同一のものと考えられた。かくして断続面を共通にするものに整理を加え、それらの持つ断続面が五十音図のいかなる段《きだ》(列)に所在するかを調査した結果、用言(形容詞を除き)はわずか七種に総括せられることとなった。そして、断続面の所在する段の相違によって分類せられたので、用言の各類は段の数およびその位置によって「何段の活」と呼ばれるようになった。

一、四段《きだ》の活《はたらき》　断続面が、アイウエの韻にのみ存在するもの

二、一段の活　同じくイの韻にのみ存在するもの

三、中二段の活　同じくイウの韻にのみ存在し、それが五韻の中部に位するところから名づけたものである。中という名称は、四段を基準としたために生じた名称で、五十音図を基準にすれば、後世の上二段の名称の方が穏当である

四、下二段の活　同じくウエの韻にのみ存在するもの

春庭は、右四種を基本として、これに似て小異あるものを変格と名づけた。

五、カ行変格の活　来《く》一語である。イウオの三段に断続面を持つ

六、サ行変格の活　おはす、為《す》およびそれの複合語。ウエの韻に活用する点は下二段の活と同じであるが、「てにをは」との接続関係が異なる

七、ナ行変格の活　往《いぬ》、死《しぬ》の二語。四段の活と同じように四の韻に変化するのであるが、「てにをは」との接続関係が異なる

以上の七種であるが、春庭は、ラ行の「有り」「居り」の二つが四段に似て、断続の状を異にしていることに注意しているが、これを変格と立てることをしなかったのは、別に深い理由があったようでもない。下一段「蹴る」は未だ注意されなかった。

『八衢』の組織の大略は以上のごとくであるが、成章、朖が用言を五十音図の排列とは全然無関係に、断続面のみを主眼として組織したのに対して、本書は『御国詞活用

抄』に倣って、五十音図を組織の骨子に持ち来たったことは注意すべきであり、それによって用言の種類がきわめてわずかな分類に要約されたことは、まったく春庭の偉大なる功績に帰さなければならない。しかしながら、五十音図による右のごとき用言の整理は、決して『御国詞活用抄』よりただちに展開されるべきものではなくして、一度、成章、脁の断続の考えを経過しなくては、到底ここにまでは到達し得ないことなのである。『八衢』においても、活用の語尾には、『断続譜』と同様に、用言と「てにをは」との断続の関係が、「受るてにをは」「切る丶ことば」「続くことば」「こその結辞」というふうにして明示されている。また正格に対する変格の弁別のごときも、ただ単に語尾がいかなる韻に転ずるかということだけでは結論されないことであって、断続に対する深い考察によって始めて出て来ることなのであった。

受るてにをはは図の如く横に通りて少しもたがふことなくいと正しく又四種の活詞をわかちしらんにこの受るてにをはをもてさだむるが肝要なれば云々（『八衢』総論）

かくのごとく春庭の活用図は五十音図を基礎にして、まったく面目を新たにし、整頓された組織となったが、活用研究の基礎観念である断続の考えは、依然として継承されているのを見ることが出来る。

春庭は右のごとく活用の種類を分って、その断続の状態を明らかにするところの活用図を作ると同時に、あらゆる用言をこの分類に所属せしめるために、上代中古の文献に亙って、用言の用例を蒐集し、吟味し、その所属を決定しようとした。この用言所属の決定は、用言が右に述べたごとき簡単な分類に要約されて始めて可能なのであって、かくして文献に、その活用の片鱗しか示されていないような用言も、その断続関係と、その断続面の韻の所在とによって、推してそれが四段か、下二段かを決定出来ることとなった。例えば、ず で じ ぬ む ましなどの「てにをは」を、ア列音より受けるのは、四段の活であり、イ列音より受けるのは、一段、中二段の活、エ列音より受けるのは、下二段の活であるというような識別法が考えられたのである。

次に活用の識別は、語義を理解する根拠と考えられた。四段ア列音になんの添ったもの、行かなんのごときものと、イ列音になんの添ったもの、行きなんとは意味を異にする。このことは既に宣長が、未然のば、既然のばを識別する根拠として考えたことであるが、春庭の用言の整理によって、断続の識別が、註釈の確実なる徴証とされるようになった。

これらの活用研究の進歩によって、宣長が、「てにをは」の本末呼応の現象に、神代より定まった不変の法則の存在を意識したように、春庭は、詞の活にも神代より一定不変の法則の存在することを意識するようになった。後世において活用の相違するのは、誤用の結果であり、活用の研究は、この誤用を古えの正しい姿に戻すことにあると考えた。『八衢』が規範的作法語学としての色彩を多分に持っているのはそのためであり、『八衢』という書名それ自身、「八衢の道辿りて、踏み迷うことなからしめ」ようとするためであったのである(『八衢』総論)。活用不変の法則と、歴史的変化の事実との矛盾に対する問題については、宣長の「てにをは」観にあわせて述べたごとくである。

『詞通路』——活用研究は、もと用言と「てにをは」との接続を明らかにすることであったが、活用に一定の法則の存在することが発見され、某の用言は、某段の活というふうに所属が決定されて来ると、もはや中世における顕現の法則(第一期ロ「古典の研究」の第一項)のごときものをもって、みだりに音通によって実在しない活用語尾を考えることが許されなくなり、語尾の相違に対してあくまでも忠実にその相違の理由を明らかにせねばならなくなった。宣長、成章は、「てにをは」一語の使用の上にも、微細な意味の異同を識別したのであるが、春庭に至っては、この異同を活用の相違によって説明するようになった。その一つは、「てにをは」と用言との接続の上にあらわれる意味の異同である。たとえば、咲かなんと咲きなんとの異同のごときそれである。その二は、活用の種類の上にあらわれる相違である。たとえば驚く（カ行四段）と驚かす（サ行四段）との間の相違である。「てにをは」との接続の上にあらわれた相違は、『八衢』の研究によって明らかにされたのであるが、ここに注意すべきことは、活用相互の移動に伴う意味の相違である。『詞通路』の中、「詞の自他の事」の条は、この活用の移動による意味の相違を、自他の概念をもって説明したものである。

春庭は、用言の派生語（おどろく、おどろかす、おどろかる、など）にあらわれた活用の移動を、自他六段の名称をもって識別した。後世、受身、可能、使役などの助動詞として分離されたものが、春庭においては活用の特殊なる語尾として説かれている。山田孝雄博士が従来の助動詞を複語尾として、用言の内部的構成要素のようにして、説明されたことは、春庭の右の研究に基づいたものであるかどうかはつまびらかにしないが、国語学史上、いわゆる「てにをは」として用言に接続するものまで複語尾として説明されたことには問題がある。春庭は、『八衢』において、「受くるてにをは」として掲げたものと、『通路』における受身、可能、使役などを表わす語尾とを明らかに区別している。それは中世以来の「てにをは」の概念をもってすれば、明らかに区別しなければならないものなのである。時代は下るが、富樫広蔭《とがしひろかげ》においても、『通路』中の自他の区別を表わすもののごときものを「属詞」として、「てにをは」とは別に取り扱っている（『詞《ことばの》玉橋《たまはし》』）。私はこれらの説に基づいて、現今助動詞として考えられているものの中から、受身、可能、使役の助動詞、る｜らる｜す｜さす｜しむは、これを除外して、語の一要素としていうならば、接尾語とすべきであることを説いた（論文一九、三〇参照）。

『通路』中の他の研究については、語義と文意の脈絡とについての研究（第三期ハの項）に附説したのでここには述べない。

ト　僧義門の活用研究の大成――用言における活用形の成立

春庭の研究によって、活用はほぼ整理されたが、なおそこに不備な点があった。春庭においては、用言の断続に基づいて、これを五十音図に配当したために、活用の種類は著しく整理されて、わずか四種の正格活用と、三種の変格活用の七種に要約されることとなったが、その断続の状態については未だしいところが残されて居った。例えば、四段の活において、語尾と、その受ける「てにをは」との関係を見るのに、ウ韻に接続するものは、めり　らん　らん　べき　かな　まで　になどである。しかるに下二段の活を見るのに、めり　らん　べきは、ウ韻に接続するが、かな　まで　には、ウ韻にルの添加したものに接続して、その接続の「てにをは」が相違していることになる。また一段の活を見るのに、イ韻に接続するものは、ず　で　じ　て　けり　けんなどである。しかるに四段の活を見るのに、ず　で　じはア韻に接続するが、て　けり　けんはイ韻に接続する。かくのごとく、活用の種類によって、受ける「てにをは」群が相違している。すなわち、

○飽く（四段の活）

—く。{めり　かな／らん　まで／べき　に}

○受く（下二段の活）

—く。{めり／らん／べき}

—くる。{かな／まで／に}

○打つ（四段の活）

—た。{ず／で／じ}

—ち。{て／けり／けん}

○着る（一段の活）

—き。{ず　て／で　けり／じ　けん}

右のごとき接続する「てにをは」群の内容の交錯から起こる煩雑を除くためには、下二段のウ韻およびウル韻に接続する二群の「てにをは」は、四段においても異なった接続面——事実は同一のウ韻であるが——に接続すると考えればよい。すなわち、

○飽く(四段の活)

——く。{めり・らん・べき}　——く。{かな・まで・に}

○受く(下二段の活)

——く。{めり・らん・べき}　——くる。{かな・まで・に}

このようにして、接続する「てにをは」群を基本にして、接続面を整理する時、「てにをは」群に相当するところの接続面が規定されて来る。今かようにして一括せられた「てにをは」群を類別するならば、

第一類　ず　で　じ　など

第二類　て　けり　けん　など

第三類　めり　らん　べき　など

第四類　かな　まで　に　など

第五類　ば　ど　ども　など

この五類の「てにをは」群に対応する各活用の語尾を、同韻の如何《いかん》にかかわらず排列すれば次のようになる。

	四段（飽く）	下二段（受く）
第一類	………カ	………ケ
第二類	………キ	………ケ
第三類	………ク	………ク
第四類	………ク	………クル
第五類	………ケ	………クル

右のごとき「てにをは」を基本とした用言の接続面は、今日、文法書にいうところの活用形であって、義門は、これを「言」と呼んだのである。成章より義門に至る活用研究の展開を考えてみるのに、成章は、用言と他の語との接続という事実を問題として、活用研究の道を開拓したが、春庭は、それに基づいて用言それ自身の大整理を行い、義門はさらに「てにをは」の整理に基づいて、用言の接続面、すなわち「活用形」（義門のいう「言」）を成立させたのである。ここに至って、活用とは、単に用言の語尾が五十音

図の韻に従って転ずるという意味以外に、活用はその受ける一定の「てにをは」に対する語尾の変化を意味することとなり、四段の活「飽く」は、単にその語尾が、「カキク ケ」と転ずるのでなく、「てにをは」に対応して、「カキ ク ク ケ」、下二段の活「受く」は、「ケ ケ ク クル クレ」と転ずるところに真の活用の意味が存することとなったのである。用言のまったき接続を理解するためには、類別された「てにをは」群と、それに対応する、以上のごとき活用形(義門における「言」)を知らなければならないが、またこれによって、用言の運用が自在となるのである。以上は活用研究の義門への展開を論理的に跡づけて見たのである。以下、義門の著『友鏡《ともかがみ》』『和語説略図』『活語指南《かつごしなん》』などについて見ようと思う。

『友鏡』――は、右述べたごとき第一類より第五類に至る「てにをは」群に対応するところの用言の接続面の変化を、それぞれ第一転、第二転と命名し、五転に分ち、次にその接続面、すなわち活用形そのものをば、「言」と名づけ、将然言、連用言、截断言《せつだん》、連体言、已然言《いぜん》の五言として、使令として欄外に小書にして一の接続面を設けたことは、やがて『和語説略図』に希求言《けく》の作られることを予想したものである。春庭より義門の本著への展開は、私が右述べたごとき論理的補足によって跡づけることが出来る。

『和語説略図』――『友鏡』は、全体の組織を、宣長の『紐鏡』に求めたところの図表であるために、用言の整理においてなお煩雑であることを免れなかったが、本図においては、『八衢』の用言分類を適用して著しく整理されたものとなった。本図はもと、『やちまた友鏡略解図』と題されて居ったもので、その本質は『八衢』と同じく断続の図であるが、既に述べた五転の「言」に、さらに希求言を加えて、六転となし、「てにをは」もまた六類に分割されて、六「言」への接続を明らかにしている。『八衢』が、活用語尾を基礎にした「段」による活用図であるのに対して、本図は、「てにをは」を基礎にした「言」による活用図であるということが出来る。その間にはかなり根本的な改造が行われていると見なければならない。この「言」の成立こそ、活用図の完成されたことを示すものであって、現行文典においても、その内容において、幾分の変更はあるにしても、その大綱に至っては、本書を一歩も出ていないのである。

『活語指南』[27]――は、『和語説略図』の註解の書として著されたもので、宣長の『紐鏡』に対する『詞玉緒』の位置に立つものである。

『友鏡』より『活語指南』に至って、義門の活用研究はその完成を見るに至った。このようにして発見された活語の法則は、義門においてもまた宣長・春庭と同様に解釈の根拠であり、また歌文の作法の規範であることは、既に「序説」の時代の概観の中に述べた。しかしながら、その中にもなお一、二の注意すべき点がある。その一つは法則についての観念である。

近世を通じて、言語の法則は、人為によって維持されるものであるという考えは知らず識らずの間に、その研究の根柢に横たわっていた。契沖が、仮名遣の混乱を、学識の低下によるものと考え、正しい仮名遣は、意識的な努力によって成立して居ったものと考えたり、延約の現象を、人為によって言葉を延ばしたり、約《ちぢ》めたりしたものと考えたのは皆この観念に基づく。しかし、これらの観念は、徐々に正しい認識へと進みつつあることが認められる。宣長が、仮名遣をもって、古代における音韻そのままの表記に基づくものと解したのは、仮名遣観についての訂正であり、大隈言道《おおくまことみち》が、延約を言葉の自然の「ノビ」「チヾミ」と考えたのは、延約観の訂正であった。宣長は、しかしながら、語法においてはなお人の学識に基づいて正規的法則が維持されると考えたが、義門は『玉緒繰分《たまのおくりわけ》』に、宣長の人為説を訂正して、「てにをは」の法則は自然にそれに準拠するものであるとした。『繰分』に『玉緒』を引いて、

その本末をかなへあはする定りなんありて云々、爰はその本末のかなひあふさだま

りなんありてといひたらんや宜しからん

しかしながら義門は、後世の語法は自然と認めず、これを誤用であるとし、混乱を正しい姿に返すところに彼の規範的作法語学の任務を見出そうとした。そこに法則を人為をもって維持すべき理由を見出したのである。

次に義門は、宣長・春庭らの考えた、上代中古の言語に不変の法則が一貫して存在しているということについては、少なからざる疑問を抱いて居った。定格説に対する義門の立場の動揺は、実に彼の徹底した詳密な実証的研究の齎《もたら》したものであった。元来、宣長・春庭の「てにをは」および活用の研究は、主として中古の言語に出発して、上代言語の事実を無雑作にこれに引きくるめて、これを同一法則のもとに理解しようとしたのであって、言語研究の領域がいまだ詳細に行き亙《わた》らぬ間は、それで済んで居ったが、一方、活用研究の奇蹟的な成功に促されて、上代中古の言語に亙って微に入り、細を穿った調査が行われるようになると、幾多の法則に合致しない実例に直面しなければならなくなった。義門の精密な研究の前には、事実は如何《いかん》とも覆いかくすことが出来なかったが、一方また定格不変の観念をも斥けることが出来なかった。『指出《さしで》迺《の》磯《いそ》』『磯《いそ》迺《の》洲《す》崎《ざき》』の両著は、この矛盾に悩む義門の心境を如実に描き出している。

但し詞八衢に神代よりおのづからなる定ありて云々といへるなどは全くしかなりとは思はねど（『磯迺洲崎』）

すべて古書を見るに、必、八衢にのみ泥みてはあるべからずとは我も既くよりおもひ居るは（『指出迺磯』）

もしかの万葉廿巻などを見れば、しか〳〵の活ぞといふ事はもとあるまじきがごと見え、あるはまれ〳〵にしとせとたがひにたがへりと見ゆるなどよりおして、すべて定格ありといふは処せきひがさだめのやうに思はゞそれをこそいたりふかゝらぬ也とはいふべけれ（『指出迺磯』）

などとあるのは、定格説に対する疑いを述べたのであるが、さりとてそれは否定し去るべきでないことをいわんがために、仮名遣に定格あることを列挙して、

このてにをはの事もふるき書どもに異やうに聞ゆるがあるは別に考あるべき事にて、すべてはいかでうるはしくといみじう心すべきにあらずや、詞の活用といふ事も亦然也（『指出迺磯』）

と論じている。この義門の結論は、間接証明であって、活用に定格あることをいわんがために、仮名遣に定格あることをもってし、活用もまた同様であると論断したのである。

『玉緒繰分』には、義門は、宣長の「てにをは」に定格ありという説を支持するために、次のごとき苦しい解釈を下している。まず宣長の説を掲げて、宣長が上代の語法に、「こそ」の係辞を「き」と結ぶ格のあることを指摘して、これを「たゞ古の一格」「古今集よりこなたには此格なし」といいながら、「てにをはにいたりてはもはら同じくしてことなることなし」というのは矛盾であると述べ、この自語相違の宣長説を義門は次のごとき説明をもって生かそうとしたのである。

さてつら〳〵思ふにこそと云て形状言のき又しきにて、この「ころもこそ二重もよき」、かの「おのが妻こそとこめづらしき」の如きいと〳〵稀らかなるにてこそあれ古今以後には絶えてなしと決むべからず、まれ〳〵にはなほある也。それを古へなるは一格と云て更に悪しとは定めず後々のは調はざる物損ひなりとのみ云べきにはあらじ。斯て、てにはは今古のかはりなし、たゞその例の多少の今古互に物に見えみえざるのみの事と云べき也(『玉緒繰分』)

義門のこの徹底した批判的精神は、定格説を支持するために、ことさらな強弁をあえてしたのであるが、それがもしさらに展開するならば、そこに歴史的変化という言語に対する認識の根本的転向を齎し得たであろうと考えられる。しかしながら、その新しい発展は、定格に対する強い要請によって日本語学の中には遂に生まれ出なかった。それは西洋言語学の齎したところの歴史的変遷の観念によって新しく見直さるべきものであったのである。

義門が鈴木朖の『言語四種論』を承けて、語の分類体系を立てたことについては、既に山田孝雄博士が日本文法論に論評せられた。一切の語を体用に分って、いわゆる品詞的な「てにをは」をも、その語の形式上から、体、用にそれぞれ分属せしめたことは、一見明快な分類基準を持つもののようであるが、既に古くより認められて居った「てにをは」と、その他の語との間に存する語としての本質上の相違を無視したことで、むしろ逆転であるといわなければならない（論文二〇参照）。

チ　中古語法の研究と上代文献学との交渉

宣長の「てにをは」の法則の発見は、主として中古歌文の語学的研究から得た結果であったが、宣長は、この法則を上代言語の上にも及ぼして「てにをは」は神代以来不変のものであるという観念に到達した。『古事記伝』の訓法に、「てにをは」の法則が適用されたのはこの考えに基づくものである。宣長に従えば、古典の文字を通して言語を完全に理解するということは、ただにそれによって、古典の思想を理解する手段とする以上に、それ自身、重要なことであると考えられた。「意」と「事」とは「言」をもって伝えるものであり、その世の人情風俗は、言によって始めて明らかになるものゆえ(『古事記伝』総論)、『古事記』のごとき漢文的措辞を交えたものは、それを国語として再現するためには細心の注意を要するわけである。用字法、仮名遣の研究は、それゆえに上代文献の言語的理解にとって緊要な事柄であるが、それにもまして重要なことは、古代語法の再現であったのである。漢文的記載法の中に隠れた上代語法を再現するために、宣長は『古事記伝』総論「訓法の事」の条にその方法を述べている。その方法論中、「てにをは」の法則に従って、漢文的記載を古語に還元することを説いて、詳細を別著に譲ったのは、すなわち『玉緒』における「古風の部」(『玉緒』第七巻)の研究を予想していることは明らかである。『玉緒』の「古風の部」を見れば、そこには『万葉集』の訓点において、「てにをは」の法則を適用することが説かれている。「吾者事上為《ス》」(我はことあげす)、「辞挙叙《ゾ》吾為《スル》」(ことあげぞ我はする)の二例において、係辞の有無に従って、前者を為《ス》と訓み、後者を為《スル》と訓んだ。この用意はすなわち古事記訓法の用意であり、また中古語法の研究と上代文献学との交渉を示すものである。

活用研究も、その初め、中古歌文を資料としたものであったが、その結果はまた上代文献学に交渉を持つに至った。活用の法則の樹立は、また上代文献の訓法の根拠ともなった。義門が、『出雲風土記《いずもふどき》』の「塩満時」を「塩満つ時」と訓んで、「塩満つる時」を否定したのは、「満つ」の活用の吟味に基づく。『六月晦大祓詞《みなづきのつごもりのおおはらえのことば》』の中、「大祓爾祓給比」の「祓」の訓法につき、宣長説（『大祓詞後釈《おおはらえことばごしゃく》』）、重胤《しげたね》説（『祝詞講義《のりとこうぎ》』）、春庭説（『八衢』）、義門説（『山口栞《やまぐちのしおり》』、中巻十六丁ウ）などの間に異同のあるのは、動詞「祓ふ」の活用形の吟味を背景としたものである。

第四期　江戸末期

イ　語の分類の研究

既に古く『万葉集』においては、辞の名目によって、も、の、は、て、に、をのごとき語が、他の語とは区別されて居った。それは『万葉集』第十九巻の大伴家持《やかもち》の「詠霍公鳥歌二首」の註記に、

毛能波三箇辞闕之（四一七五）

毛能波氏爾乎六箇辞闕之（四一七六）

とあるによって知られる。これは漢語学上の名目によって、国語のそれに相当する語を類推して整理したものであろう。降《くだ》って平安朝末期以後、古典研究と歌学の興隆につれて、語を分類総括する必要から、助詞、休字、発語、「てにをは」などの名目が使用さ

れたことは、第一期の研究中に述べた。『手爾葉大概抄』が、語を、その表現性の相違に着目して、「詞」と「手爾波」とに分ったことは注目すべきことである。近世に至って、成章は、「名」「挿頭」「装」「脚結」の四種の分類を試みたが、それは比喩的であって、いまだ明らかな分類基準を示して居らない。しかるに活用研究が盛んになるに従って、語の体系的分類について思索する前に、「用言」および「てにをは」を他の語より区別することに力が注がれた。鈴木朖の『言語四種論』における「体《たい》ノ詞」「テニヲハ」「形状《ありかた》ノ詞」「作用《しわざ》ノ詞」の四種分類はそれらに対する一応の整理を意味する。特に朖が、『手爾葉大概抄』以来の観念を発展せしめたものであって、それによって見れば、朖の四種分類の「てにをは」と、その他の語とを対立させてその特徴を明らかにしたことは、『手爾葉大概抄』以来の観念を発展せしめたものであって、それによって見れば、朖の四種分類の各々は、対等に対立するのではなくして、「てにをは」と、他の三種の合体したものとが対立するものであることを知るのである。活用研究の完成は、語の活《はたら》くもの(用)と、活かぬもの(体)との区別を特に自覚せしめて、義門は一切の語を体、用の二つに分ったが、あまりに語の形式にのみ牽《ひ》かれた嫌いがあった。富樫広蔭は言詞辞の三分法をとり、特に辞においていっそう詳細な分類を行っている。これら品詞分類法の歴史については、既に諸家の論評があるゆえ今詳しくは述べない。ただ注意すべきことは、広蔭が品詞的分類を表現過程の段階に結び付けて語の成立に従って説明していることである。

これと類似した考えは平田篤胤の説にも見えて居って、

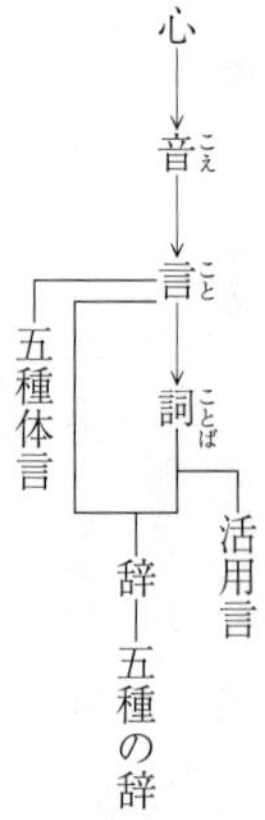

物あれば必ず象あり。象あれば必ず目に映る。目に映れば必ず情に思ふ。情に思へば必ず声に出す。其声や必ず其の見るものの形象《ありかた》に因りて其の形象なる声あり。此を音象《ねいろ》といふ(『古史本辞経』)

以上のごとき心の作用としての言語、およびそれの段階として語の類別を考えるという態度は、既に述べた『手爾葉大概抄』の詞辞の分類、あるいは鈴木朖の「てにをは」とその他の詞との類別の根柢をなすところの表現性の相違による語の分類法と相通ずるものである。語の性質上の相違は、活用の有無あるいは文章上における論理的職能の相違ではなくして、実に右のごとき表現性の相違ということが、より本質的であるということが考えられる。私は右のような考え方を発展させて、言語の本質は心的過程であり、語の類別は、その過程的構造の相違によらねばならないと考え、概念語・観念語(あるいは詞・辞)の名目をもって、古来の詞および辞の分類を理論づけようとした(論文二〇、三〇参照)。

ロ　音義言霊学派

言霊《ことだま》なる考えは、古代日本民族が、人間の言語にはそれ自身ある霊力を具備し、表現のままに事が実現すると信じた考え方であって、『万葉集』などによってその実例を徴することが出来ることは、第一期イの項に述べた。契沖が『和字正濫抄《わじしょうらんしょう》』序に、「言有霊験、祝詛各従其所欲」と言ったのは、その言霊の力を意味し、そこに国語の優秀なる所以を見出そうとしたのである。しかるにこの言霊なる思想は、近世国学の発展と共に再び復活し、その原始的信仰に新たな意味が加えられ、近世末期に至って特にそれが強調されるようになったのは、一方に国語研究の著しい発展によって、国語に整然たる法則の存在することが発見され、言霊の力はかかる言語によって始めて生ずるものであるというふうに考えられるに至ったがためである。言霊の信仰が、近世末期の国語の学問的研究によって認証されたわけである。

また一方、悉曇《しったん》音韻学の思想、すなわち言語文字を神格化する思想がようやく表面に顕れてきたことにもよるのである。林国雄に従えば、我が国語に霊力があるということは、語法の整備したことそれ自らによって証明されることであり(『皇国《みくに》の言霊』)、大国隆正に従えば、霊力を持った国語を研究することは、その内奥に秘められた天地の大道を究めることとなる。釈迦は阿字《あじ》を観じて離欲寂静の道を悟り、孔子は仁字・中字・孝字の字義を了解して、斉家治国の道を伝えた。国語を研究すれば、儒仏西洋の教えにまさるものを発見することが出来るであろうと述べている(『活語活法活理抄』)。隆正はさらに極言して、五十音図はすべての根本であり、言語も、天地万物もみなそれから出来たものであるというふうに考えた。これまったく言語の実体観であり、神格化であって、かくのごとき言語音韻観に基づいて、在来の五十音図を訂正して、それが天地の道理を具現するようなものに改めようと試みる学者が現れた。大国隆正(『活語活法活理抄』『言葉の正《まさ》みち』)、高橋残夢《たかはしざんむ》(『言霊真澄鏡《ことだまますみかがみ》』)、平田篤胤(『古史本辞経』)のごときがそれである。一例を示せば、残夢は、カ、ガ、ダ行を高天棚、タ、ラ、ナ行を天之棚、ハ、サ、ザ行を中之棚、パ、バ、マ行を地之棚、ワ、ア、ヤ行を根之棚というように、五十音図を、古典に現れた世界観によって説明しようとしている。

以上のごとき国語に対する見解は、活用研究の完成ということが大きな刺戟を与えたものとも考えられるが、その思想の系統は、むしろ真淵の思想の復活と見るのが正しく、五十音図を重視して、それに何らかの意味を見出そうとする考えのごときは、真淵が『語意考《ごいこう》』において、五十音図の各段に、初、体、用、令、助の名称を附したことと密接な関係があると考えられる。概して近世末期においては、真淵の思想が著しく復活されて来た。言語の根本を探ろうとして、これを音韻研究に求めたことは、林国雄、平田篤胤らにおいても見られるが、それは真淵の祖述である。私が真淵の初、体、用、令、助の名目を、活用研究ではなくして五十音図に対する音義的解釈であると考えたのは、このような真淵の思想の発展の方面からも推定されることである。

次に音義学派について述べる。その根本の思想が悉曇学に由来するものであることは、古くは仙覚の『万葉集註釈』にも著しい。近世に至っては、語法研究の大勢に押されて表面に現れなかったが、鈴木朖が言語起源説を『雅語音声考《がごおんじょうこう》』に述べるに至って、再び学者の問題となった。朖の言語起源説は、言語の起源を四つに分類した。

一、鳥獣の声を写したもの

二、人の声を写したもの

三、万物の声を写したもの

四、万の形、有様、しわざを写したもの

腺の言語起源説は、明治に至って泰西の言語起源説と比較されて、その卓見を賞讃されたものであるが、その思想の根本に立ち入って検討してみるならば、それは音義説として特色を有するものなのである。本書の冒頭に、「言語は音声なり、音声に形あり、姿あり、心あり」と述べられて居って、言語の音声は、音声自体に意味を有するものであるとする考えである。腺の音義的見解は、平田篤胤の祖述によっていっそう明瞭にされている。

物あれば必ず象あり。象あれば必ず目に映る。目に映れば必ず情に思ふ。情に思へば必ず声に出す。其声や必ず其の見るものの形象《ありかた》に因りて其の形象なる声あり。此を音象《ねいろ》といふ(『古史本辞経』)

この形象に対応する音象によって、表現が可能であると考えるところに、音声を単なる思想に対する符牒であると見る考え方と根本的に相違するものがあると同時に、ここに音義学的研究の展開する根本観念が存在するわけである。かくして言語の意味は、これを構成する各音に含まれている意味を理解することによって、自ずから明らかになる道理である。隆正が、いろは四十七字の心をだに知らば、世の中の理はつくしつべし（『活語活法活理抄』）と言ったのはそれである。ここにおいて近世末期の国語研究は、再び著しく本義研究の色彩を濃厚にして来た。堀秀成のごときは、明らかに宣長の提唱した、語の用例に基づいて意味を明らかにする方法に反対を述べている（『音図大全解』「古言を解せざれば古義明かならざる事」の条）。

以上の諸説は、近世末期の国語研究の到達した言語の本質論ないしは言語哲学に関する思索であるが、それがもし、到達すべき極点にまで至ったならば、そこからさらに新しい言語に対する観点が生まれたであろうが、その暇なくして西洋言語学がこれに取って代ることとなったのである。

ハ　語法研究の継承

義門に至って極点に達した「てにをは」「活用」の研究は、その後いかなる方向に展開したか。それは大体二つの方向を辿って進んだ。その一は、語法研究の根本の傾向である断続の状態をさらに精細に追求しようとするものであり、その二は、註釈作法の語学として、特に作法語学としての特徴を発揮しようとするものである。

第一の傾向について見るのに、富樫広蔭が、『詞玉橋《ことばのたまはし》』に「属詞」の一類を設け、『紐鏡《ひもかがみ》』『詞通路《ことばのかよいじ》』に活用の語尾として取り扱われた令《さす》、所《らる》、有《あり》を分離して考えるようになったのはこの傾向の一つと認むべきである。「属詞」は、語に接続して新しい語を造るものであるが、それは品詞としての「てにをは」とは別に取り扱われたものであることは、『通路』の解説に述べて置いたことである。いわばそれは接尾語として取り扱われたのである。

物集高世《もずめたかよ》の『辞格考抄本《じかくこうしょうほん》』では、用言に接続するものとしてのみ扱われた「てにをは」を、さらに拡張して、「てにをは」と体言との接続、あるいは「てにをは」と「てにをは」との接続としても取り扱うようになった。高世はこの研究を「弖爾乎波辞の格」と名づけ、次のごとき研究を取り扱った。

何々に。—・も　何々を・—。ぞ

右の「に—も」の接続、「を—ぞ」の接続のごときに一定の法則を見出そうとしたのである。

黒沢翁満《おきなまろ》の『言霊指南《ことだまのしるべ》』もまた、用言と「てにをは」との接続を明らかにし、さらに

「てにをは」の意味を、例証をもって詳細に説いたものである。

断続の研究は、単に用言と「てにをは」、あるいは「てにをは」との関係のみならず、それは文意の脈絡にも関するものであり、活用を綜合的見地において見るならば、それは宣長の文意を統一させる「てにをは」の研究とその軌を一にすべきものであることを知るのである。断続の研究を、右のような文の統一的見地において発展させたものに権田直助《ごんだなおすけ》の『国文句読考《こくぶんくどくこう》』がある。直助は、句読と断続とは結局同じことであることを述べている。

凡《おほよそ》、文は、語の断続を知らざれば、一行の文も、書き得られざる事は、誰も知れるが如し。其の断続を、一目に見しむるものは句読なるべし。かゝれば、句読と断続とは、いひもて行けば同一なること、上に弁《わきま》へるが如し(『国文句読考』)

私は文意の脈絡あるいは文の統一的構造というものと、語の断続との関係を、右のような見地に基づき、さらに発展させて、小論を公けにしたことがある(論文二一、二二参照)。

語法研究の目的は、皆多少なりとも歌文の作法の上にあったが、特に語法研究の成果を、記憶の便を考慮して、技術的に整理して教課の目的に副《そ》うようにしたものが現れた。

足代弘訓《あじろひろのり》の『八衢大略《やちまたたいりゃく》』は、従来の断続の表から、用言のみを抽出して語尾を一目瞭然たらしめるように改めたものである。例えば、四段の活は、

あかん　あき　あく　あけ

と排列し、その受ける「てにをは」も一括し表示した。翁満の『言霊指南』上巻総論にも語学教授の方法が示されている。その他、『玉緒』『八衢』の補訂に従事した学者はきわめて多数にのぼるが、今は省略しておく。国語学史上の右のごとき教課を目的としたものについては、福井久蔵博士の『日本文法史』に詳細に説かれている。

二　和蘭語研究と国語に対する新考察

近世末期において、国語研究に新しい見地を与えたものは、和蘭語《オランダ》の研究であった。和蘭語研究は、その始め、和蘭医学に従事するもの、あるいは長崎通辞にのみ許されたものであった。これら蘭学に従事するものが、和蘭語の研究の必要から、和蘭語文典を国語に飜訳することを試みるようになった。文化十一年(一八一四)、長崎通辞の馬場佐十郎《ばばさじゅうろう》は『訂正蘭語九品集《ていせいらんごきゅうひんしゅう》』を著し、蘭文典を国語に直訳した。その直訳に用いた文典上

の術語は、名詞を実静詞、形容詞を虚静詞と飜訳した類で、主として漢語学上の術語を借用した。本書は蘭文典の飜訳であるが、天保四年(一八三三)、鶴峯戊申《つるみねしげのぶ》は、始めて蘭文典に立脚して国語の文法組織を試みた。『語学新書』がそれである。戊申の言に従えば、『語学新書』は、西洋日本の語学研究を折衷して作ったものとなっているが、実は和蘭文典の名目に国語を配当したものであって、その配当に当って、自ずから国語に対する新しい見解が生まれたのである。戊申は蘭文典の組織をもって、およそ言語を取り扱う原則であるかのごとく考えて、この見地から在来の国語研究を批判した。戊申において、語学の研究ということはいかなることを意味するかというのに、

　語学とは言語文字の品格を学び知るを云ふなり(『語学新書』凡例)

とある。読書作文詠歌において、まずこの品格を弁《わきま》えることが必要とされた。戊申は、宣長と成章の研究を比較して、成章のそれが、言語の品格をあげつらえるに近しとし、宣長の研究をなお欠陥ありと考えた。また徂徠の虚実死活の分類をもって語法研究に近いものとしたが、なお蘭文典の九品九格には及ばないとした。(28)これらはすべて和蘭語文典を基準としたところの在来の国語研究に対する批判である。次にその品格とはいかなるものであるかというのに、語に君、臣、民の三つの格があるという。この格の差別を

示すものが「てにをは」である。「てにをは」はここに至って始めて格を示すものとして取り扱われたのである。

能主格(今の主格)はかゝりになる助辞にして、すべて体言の類これらの助辞を得れば君位の辞となる(『語学新書』下巻)

また従来の用言接続の「てにをは」は、戊申においては、一半は用言の法を示すものとして、それぞれの法に分属された。例えば、「鳴く」は直説法、「鳴くべし」は許可法、「鳴かん」は不定法である。また一半は用言の格を示すものとして取り扱われた。用言の格に、過去、現在、未来があり、「鳴くめり」は現在、「鳴きけん」は過去、「鳴けば」は未来の格であるとした。従来、まったく語の形式を主として、将然言所属の「てにをは」、連用言所属の「てにをは」というふうに考えられて居ったものが、まったく文における意味の範疇に分属されることになったのである。

戊申の組織は、まったく蘭文典の骨に国語研究の肉を附けたものに過ぎないのであるが、西洋文典が、我が国語研究にいかなる様式において影響を与えたかを考える上に『語学新書』は注意すべきものであると同時に、西洋言語学の輸入の先駆をなしたものとして、次の明治時代の国語研究と聯関するものである。

第五期　明治初年より現代に至る

イ　国語国字改良の諸問題

江戸時代の国学者が、当代の口語を俚言《りげん》とし、俗語としてこれを卑《いやし》め、ひたすら古典の言語に憧れたように、明治時代の人々は、まず自己の言語文字の混乱のはなはだしいことに対して悲観説を抱いた。しかし彼らは、その悲観の情を、国学者のように上代中古の言語によって、慰めようとはしなかった。あるものは、ひたすらに欧米の言語文字に憧れ、国語を廃して欧米のそれを採用することをもって理想とした。森有礼《もりありのり》の国語廃止論はあまりに有名であるが、高田早苗《たかださなえ》、坪内逍遥《つぼうちしょうよう》の主張の中にもそれと同じようなものがあった。(29) 国語を廃止するとまではいかなくとも、文字だけでも欧米のそれに倣うか、あるいは改革しようという主張のもとに、ローマ字論、仮名論、新字論などが論議された。それは明治二十年代のことである。これら過激、穏健それぞれの主張の根柢には、言語文字の改革が、国家社会の革新の先決問題であるとする強い信念が横たわっていた[30]のである。

外国模倣の皮相な改革論は、日清戦後次第に衰えて、もっと実際的な、可能性のある国語の問題を考えるようになって、ここに問題は、文字改良論から、仮名遣改訂、文体改良、言文一致、標準語、方言などの問題に転向して行った。

仮名遣改訂問題――については、山田孝雄博士がその著『仮名遣の歴史』の中で詳説されている。この問題は、国語国字問題に胚胎し、欧米における綴字改良運動に刺戟されて起こって来たもので、明治三十三年（一九〇〇）以来、しばしば改良案が提出されたが、常に革新保守の対立によって、問題が未解決のままに持ち越されている。この問題は、社会的風潮によって左右されるべき問題でなく、言語の本質の究明によってその帰趨を明らかにしなければならない問題である。

言文一致・文体改良問題――は、明治十九年（一八八六）山田《やまだ》美妙斎《びみょうさい》が自ら言文一致をもって創作し、同時に論説を掲げて言文一致を主張したことから始まる。文体改良は、外国文学の影響によるもので、まず創作に従事する人々の間に叫ばれ、実際問題中、最も成功を収めたところのものである。

標準語制定問題――江戸時代の国学者のように、古文を規範として、それに準拠している間は問題はないが、明治維新以後におけるがごとく、古文に対する規範的意識が消滅した時、ただちに問題になるのは、現代口語の規範が何であるかの問題である。古文はもはや新思想を盛るには不適当であり、文章が口語に規範を求めようとする時、いかなる口語をもって基準とすべきか。明治時代は、前時代の規範を捨てて、いまだ新時代の規範を求め得ない時代であって、標準口語の制定は、焦眉の問題となって来た。我国の在来の文化が、京阪と江戸との二大中心を持っていたということが、今日標準語を決定し兼ねる重大なる理由である。しかし、文化の統一、中央集権はやがて言語的統一をも可能にすると考えられるが、またそれに指導を与えることも大切である。それについても、標準語の概念が学問的に確立されることが今日の急務である。標準語は決して方言の一部あるいは方言の有力なものではなくして、それは国家政策上、特別の価値において語られるところの国語の意味でなければならない。

国語に対する伝統論と革新論――国語が伝統と革新の左右両論に阻まれ翻弄されて、その目標を明らかに見定め得ずに経て来たことも既に久しいことである。しかもこれら二つの論が、国語に対する正しい認識と、暖かい同情とに基づいたものであるならばともかく、多くは主観的な好尚や、人生観的な主義主張から出ているものであることを思う時、それがどれだけ国語にとって不幸なことであったかを痛切に思うのである。国語が無条件に革新されねばならないと考えること、また国語が常に伝統に謬着されていなければならないと考えること、ともに言語を生活表現の道具と見る安易な考え方に根ざしているのである。言語は生活の道具ではなくして、我々の具体的な生活そのものであることを忘れてはならないのである。

ロ　改良問題の調査機関と国語研究

国語国字改良問題は、その当初から国家社会の問題として論議され、研究されて来た。それは、江戸時代における国語研究が、学者の研究室内における仕事であったことと相違する点である。従って、そこには常に公けの研究調査の機関を伴って居った。ローマ字論、仮名論の主張にもそれぞれ機関雑誌があった。明治二十一年（一八八八）創立された言語取調所も、「言語の取調は今日の急務なり」（設立主旨）という主旨のもとに設けられた公けの調査機関であった。なお実際問題の解決に、学問的調査の必要が痛感されて、東京大学には、博言学科（後の言語学科）、国語研究室が早く設けられた。

明治二十九年（一八九六）、上田万年博士は、国語調査会設立の急務であることを叫ばれ、明治三十五年（一九〇二）二月に至って、始めて国語調査委員会の設立を見るに至った。本会の目的は、実際問題の調査とその解決にあったのであるが、その準備的調査としての国語研究は、明治の国語研究の最初の学問的業績[31]であった。国語の実際問題解決も、まず根柢に学術的調査の必要なことが一般に認められたのであって、かくして明治初期の皮相な改革論は、真摯な学術的研究を生むに至った。

さしも論議の的となった国語国字問題も、明治末年から大正初年にかけてまったく社会から忘れ去られた形となってしまった。大正二年（一九一三）国語調査会が廃止された時、上田博士は、「現代の日本の社会は未来の国家的経営を談じるにはあまり怜悧過ぎて居る」（日下部重太郎著『現代の国語』序）と慨《なげ》かれたが、これら実際問題が植え付けた純学術的国語の研究は、言語学の光によって、次第にその根柢を築きつつあった。

大正十年（一九二一）、文部省内に臨時国語調査会が設置され、昭和九年（一九三四）国語審議会が設置されたが、もっぱら実際問題としての仮名遣改訂、常用漢字の制限、漢字字体の整理などの問題を議して昔日のごとき調査機関の復活はついに見ることが出来ず、実際と理論との提携は次第に遠ざかるように見えた。それは一方、実際問題に対する焦慮と、他方、国語学自体の実際問題からの遊離から結果したことである。

八 文典編纂の勃興

明治以前の国語研究においては、国語全体を文法的体系に組織立てるということはほとんど努力されなかった。それは当時の研究が主として古典の解釈あるいは歌文の制作のためであったところから、その必要に応じて、語の類別をするという試みは、富士谷《ふじたに》成章《なりあきら》、鈴木朖《あきら》、釈義門《ぎもん》、富樫広蔭《とがしひろかげ》らによってなされたけれども、それはもちろん研究の主体ではなかった。江戸末期に至って、和蘭《オランダ》文典の輸入に刺戟されて、国語の文法的組織を試みた『語学新書』のごときが現れて、不完全ながら文法的組織の存在を知らしめた。

明治時代に入るとともに、大小幾多の文典が続出したが、それは国語研究の必然の要求というよりは、西洋文典の存在の理由を、そのまま国語の上に適用したものに過ぎなかった。外国にあるものは、我が国にも存在しなければならないという考えは、当時いずれの事物についても斉《ひと》しく考えられて居ったことである。当時輸入された外国文典が、語学入門のまったく実用本位のものであったということは、当時の国語文典がまったく実用を目的として編纂せられる理由を与えた。黒川真頼《くろかわまより》の『皇国文典初学』の序には、「文法正しからざれば、言語その用をなさず、日常交誼の情を達し、今古記載の用をなす」とあり、里見義《さとみただし》の『日本文典』には、「文法は工匠の縄墨あるが如し、文法正しければ文章も亦《また》正し」とあるように、文法は話語および文語の規範を示すところのものであったのである。また、一方において文典編纂は、既に述べたような国語と国家との関係に対する考えから、独立した国家には、独立した国語を要し、独立した国語には完備した文法がなければならないという思想に基づいてその必要が痛感されたのである。

明治初期より中期へかけて、文典の出版されたものがきわめて多かったことは、当時の国字国語改良問題と関聯しているのであって、文法によって混乱した国語を整頓しようという意図があった。文典は、国語の法則の記述であるよりも、国語の混乱を拒《ふせ》ぎ止める枷《かせ》のごときものと考えられて居ったのである。以上のごとく、当時の文典編纂は、一方においては独立国、独立国語の体面上、また一方においては、言語の実用的規範を示すところの尺度として、その必要が叫ばれたのである。かくして当時公けにされた文典は、その組織を、あるいは西洋文典に仰ぎ、あるいは在来の国語研究の組織を踏襲し、あるいは両者を折衷して編纂するというふうで、文法組織の根本原理について深く考えるというところにまでは達しなかった。

大槻文彦《おおつきふみひこ》博士の文法研究——大槻博士は、右に述べたごとき事情とは異なった方面から文法研究に着手された。博士は、明治八年〔一八七五〕より同二十四年に至る長年月の間に、辞書『言海』の編纂に従事された。辞書の編纂は、文法の規定に従ってなすべきもので、辞書と文法とは切り離すことの出来ないものであるという考えを持っていた(『言海編纂大意』)。この考えからして、博士は日本西洋両文法書の研究に基づいて、一つの文法書を編み、『語法指南』と題して『言海』の巻頭に載せられた。博士の文典は、実に『言海』に収載された個々の単語が、文法上いずれに所属するかを決定すべき根拠を明らかにするためであった。『語法指南』はすなわち後日の『広日本文典』の前身ともいうべきものであるが、『広日本文典』が日本西洋両文典の渾然たる折衷を示しているのに対して、『語法指南』は多分に外国文典模倣の跡を残して居った。

関根正直《せきねまさなお》博士の「語法私見」と文法許容案——明治時代に入って、従来、江戸時代諸学者の考えて居った国語の規範的意識、すなわち中古の雅言を尊重する思想は、根本的に覆された。しかしながら、それに代って、一般人の使用する「普通文」の立脚すべき法則は何によるべきか、その基準は容易に見出されなかった。ここにおいて、従来の語法に幾分の変改を加えて、新時代の語法に適応する法則を作るべきであるという案が提唱された。明治二十八年(一八九五)五月、関根博士は「語法私見」なる一論文を『早稲田文学』誌上に発表されてその改革案を示された。博士の所説をめぐって多くの論争が行われたが、国語調査会の設立されるや、その調査事項中に現行普通文体の整理(応急調査事項第二)ということが加えられ、大矢透博士、補助委員としてその調査の任に当られた。その調査の結果は、明治三十八年十二月、「文法上許容すべき事項」として一般に告示された。この許容案の主とするところのことは、中古以後の文法であっても、習慣の久しきに亙るものは、これを尊重するという主義に基づいたもので、実社会における語法の変遷の事情と、規範的な国語教育の方向とを一致させようというところにあり、明治以後、西洋言語学の齎《もたら》した言語の史的変遷の観念に基づいたものであると見ることが出来る。

山田孝雄博士の文法研究――明治初年以来の文法研究が、無自覚な組織の変改に腐心している時に、一方に文法の何たるかを考え、文法範疇に確実な根拠を与えようと努力されたのは山田孝雄博士であった。博士の『日本文法論』は、従来の文法組織のよって来たるところを、西洋および日本の研究について検討し、その矛盾を指摘し、泰西の心理学論理学を斟酌《しんしゃく》して、その上に自家の説を建設しようとされたものである。言語の構成要素であるところの思想の方面を重視して、それによって文法体系を組織しようとされていることが著しく注目されるのであって、それゆえにこれを内容主義の文法研究ということが出来るであろう。博士に至って、文典は従来の実用的見地を離れて、文法学は言語を思想に応じて運用する法則を研究するものと定義されるようになった(『日本文法論』緒論)。

橋本進吉博士の文法研究――橋本博士の文法研究は、山田博士の内容主義に対して、言語の外形である音声に重点を置いて体系を立てようとされているのであるから、これを形式主義の文法研究と称することが出来るであろう(『国語法要説』はしがき)。その文節論、品詞の分類の方法にこれを見ることが出来る。

構成主義的あるいは要素的言語観に基づく両極の研究を山田、橋本両博士の研究に見ることが出来るのであるが、この正反の両学説がいかに止揚されるかは、将来の文法研究の重要な課題とされなければならないと思うのである。

二　口語文典の編纂と方言調査

明治時代が、古語偏重の国語の規範的意識を覆したことは前に述べた。かくして現れたものは、規範を現代の口語の上に求めようとする言文一致の主張、標準語制定の問題であった。もちろん、当時の人々の眼に映じた口語は、なお混乱の姿に過ぎなかったため、文章においても、また話語においても、口語をとってただちにその用語とするのでなく、これに彫琢《ちょうたく》を加え、完全なものにしてしかる後にこれを規範の対象としようということであった。明治初期の人々にとっては、口語はなお俗語俚語の域を脱しなかったのである。

しかるに明治三十年代の半ば以後においては、もはや俗語とか俚言とかいう言葉は使用されず、口語という言葉が一般に使用されるようになった。口語こそ真に生きた言葉であり、また研究さるべき価値ある対象であるという考えは、当時輸入された言語学の齎した新しい主張でもあったのである。かくして口語の法則を研究し、これを記述しようというものが現れた。明治三十四年〔一九〇一〕に、松下大三郎氏の『日本俗語文典』、前波《まえは》仲尾《なかお》氏の『日本語典』が世に出でて、独立した口語文典の嚆矢《こうし》をなした。ついで国語調査会は、その調査事項である標準語制定の準備調査として、明治三十六年〔一九〇三〕より同三十九年に亙って、『口語法調査報告書』を完成した。口語法の調査は、文語法のそれと異なり、方言調査と密接な関係があり、本書の主としたところのものも、口語法の方言的差異の調査にあった。国語調査会は、大正五年〔一九一六〕、大槻博士の担当にかかる『口語法』および『別記』を刊行した。『口語法』は主として東京地方の教育ある人々の口語の法則を取り、方言の法則も広く行われているものはこれを斟酌したもので(『口語法』例言)、標準口語の法則を示したものということが出来る。『別記』には、口語の方言的差異ならびにその歴史的変遷の状態を示している。

口語法の制定は、文語法のそれと異なり、第一に、それは規範的標準口語の制定を目標としたところの、国語問題の要求に基づくものであり、さらにかくのごとき口語法の制定は、必然的に方言的異同の調査と、口語の歴史的成立過程の調査を必要とした。

方言調査は、古典の言語を主体とした江戸時代の国語研究においてはほとんど顧みられなかった。ただ二、三の俳人によって諸国方言が興味の対象とされ、方言集が編纂された。越谷吾山《こしがやござん》の『物類称呼諸国方言《ぶつるいしょうこしょこくほうげん》』、〔小林〕一茶《いっさ》の『方言雑集』、村田《むらた》了阿《りょうあ》の『俚言《りげん》集覧《しゅうらん》』などはその注目すべきものである。明治に入って、方言調査は、標準語制定、口語法の調査などの問題と関聯して国語研究の重要な領域とされるようになって来た。国語調査会が設立された時、方言を調査して標準語を選定することの一項が加えられたが、方言研究は右に述べたように、方言研究そのものが主体でなく、標準語制定の準備段階であったのである。明治三十七年、同調査会は『方言採集簿』を出版し、これと前後して、諸国方言集の出版されるものが多数に現れ、方言調査時代を現出した。これら実際問題を目標とする方言調査は一時衰退したが、やがて柳田国男氏、東条《とうじょう》操《みさお》氏らによって純学術的方言研究にまで発展し、昭和五、六年以後方言研究は、再び隆盛になって来た。

口語の歴史的研究については後に述べることとする（第五期へ「言語学の輸入と国語研究上の諸問題」）。

ホ　辞書の編纂

明治以前の国語の辞書は、一方には古典の理解あるいは歌文の制作の用に供されるところの古語を主体とした辞書と、一方には日常の読書の用に供される節用集の類のごときものとが、それぞれ別に存在して居ったが、明治時代に入って、国語語彙の総登録を目的としたところの辞書の編纂が要求されるようになった。既に早く文部省は辞書『語彙』の編纂を企て、その一部を刊行したが、これを完結させるに至らなかった。後、大槻文彦博士は独力『言海』を完成して、ここに始めて国語辞書の整ったものを持ち得ることとなった。その後大正期に入って『大日本国語辞典』、昭和期に入って『言泉』『大言海』が刊行された。なお『万葉集総索引』『近松語彙』のごときものが出て、辞書編纂も次第に専門的に特殊的に進もうとする傾向を示して来た。一方、古辞書の覆刻と同時に、上田、橋本両博士共著の『古本節用集の研究』、あるいは山田博士、岡田希雄氏らの古辞書を対象とした研究も現れるようになって来た。

明治以後の辞書編纂の傾向は、語を一つの文化財と見て、これを蒐集登録することに全力が傾注されて来たようであるが、辞書本来の面目の一半は、やはりそれが書くため、あるいは読むためにあるものでなければならないとするならば、かかる表現・理解の技術を考慮に置くことによって始めて辞書編纂の完璧を期することが出来るわけである。我が国語のごとき、起源を異にした多くの語彙を包含し、かつ複雑な表記法を持つ国語においては、辞書編纂に対する用意についても、将来考究すべき問題が残されていると思うのである。

へ　言語学の輸入と国語研究上の諸問題

明治十九年〔一八八六〕、大槻文彦博士は、チェンバースの百科辞書中の『言語篇』を飜訳された。これは西洋言語学が我が国に紹介された嚆矢であったであろう。そこに取り扱われた問題は、総論において、言語の定義、言語研究の目的、比較沿革の二研究法、また各論において、声音のこと、言語変化の理のこと、方言のこと、言語の系統のこと、分類のこと、言語起源由来のこと、言語と人種とのことなどの問題であった。これらは、江戸時代の国語研究においては、まったく問題とされなかった新しい事柄であって、明治時代の国語研究は、まずかくのごとき諸問題に刺戟されて勃興するに至った。一方において国字国語問題に狂奔すると同時に、他方、西洋学術の水準にまで我が国の学問を高めて行くということは、明治の国語研究の最初の努力であった。それは、学問の対象や、自らの体系的要求を考える以前に、無条件に必要な事柄であったのである。明治の国語研究は、まず西洋言語学の与えた問題に従ってその研究を開始した。

最初に与えられた問題は、言語の比較研究であった。西洋言語学における比較研究は、ヨーロッパ諸言語相互の類縁性の発見に導かれて、印欧言語の大系統を科学的に立証することであった。我が国の学者は、比較研究を言語研究の普遍的な課題と考えて、国語の系統を明らかにするために、眼を国語の周囲にある諸語の上に注ぐようになった。明治三十一年〔一八九八〕、金沢〔庄三郎〕博士によって、セイスの *Principles of the comparative philology* が飜訳刊行されたのは、比較研究の方法論の提示であった。明治三十年代の初めから、国語と朝鮮語、アイヌ語、琉球語などとの比較研究が勃興して来た。これらの比較研究に、朝鮮語におけるアストン、琉球語におけるチャンバレン、アイヌ語におけるチャンバレンおよびバチェラーらの外人の先鞭の功も忘れることが出来ない。これら比較研究の中、朝鮮語との関係についての研究は、明治三十年代より四十年代へかけての朝鮮語研究熱によって著しい発達をなし、金沢博士の諸著、特に『日韓両国語同系論』によって一つの時期を劃した。

これらの比較研究は、それによって国語の系統関係を明らかにし、言語分類上に占むべき国語の所属を明らかにするということが主要題目であったのである。比較研究の進むに従って、比較せらるべき諸語は、それぞれにまずその歴史的変化の実際が明らかにされねばならないことが認められるに及んで、国語は国語、朝鮮語は朝鮮語として独立にその変化発達が研究されるようになった。朝鮮語について見ても、小倉進平博士の開拓されたものは、朝鮮語の歴史ならびに方言の実際についてであって、その点前期と著しく相違した方向をとるようになって来た。

比較研究の勃興した明治三十年代から四十年代にかけて、やや遅れて一方に国語の歴史的研究が提唱されて来た。ヨーロッパ言語学においても、歴史的研究は比較言語学にやや遅れて、ヤコブ・グリムの『ドイツ文典』『ドイツ語史』によってその基が開かれた。明治三十四年(一九〇一)、パウル原著、ストロング英訳の『言語史原理』序説が、『言語史綱要』として抄訳されたことは、我が国に言語史研究の権威パウルの思想が刊行された始めであり(上田万年博士は、帰朝後、パウルの原著『言語史原理』を演習講読に使用された）、明治三十三年より三十四年にかけて、新村出《しんむらいずる》博士は、グリムの『ドイツ文典』『ドイツ語史』を『言語学雑誌』上に紹介され、同四十五年、言語の比較研究法についての論文を発表されて、比較研究の前提として、それぞれの国語の歴史的研究の必要であることを強調された。博士は自らの主張を裏書されて、「足利時代の言語に就いて」「東国方言の位置その沿革」、あるいは音韻変化などに関する論説を発表された。かくして皮相的な、また危険な比較研究は、次第に着実な実証的な歴史的研究へと向けられ、それと同時に国語史資料の探索調査が行われるようになって来た。

上代中古の国語資料については、従来とても比較的著目《ちゃくもく》されて居ったが、さらに未開拓の室町以後の資料について調査が進められ、湯沢幸吉郎《ゆざわこうきちろう》氏の「抄物《しょうもの》」の研究、新村博士の南蛮関係の文献の研究、橋本博士の『吉利支丹教義の研究』などによって、室町以後の国語の状態も次第に明らかにされるようになった。明治四十年代の初めから吉沢義則博士は、『芸文』誌上に国語の史的研究に関する論文を続々発表された。内外典の訓点を資料として、その加点当時の国語を明らかにしようとする方法論の上に研究せられたヲコト点の調査は、国語史研究に一新生面を開拓されたものであって、大矢透博士、春日政治《かすがまさじ》博士によって継承されている。安藤正次《あんどうまさつぐ》氏の『古代国語の研究』（大正十三年刊）

は、対象を古代国語にとり、音韻、語彙、語法などの方面から古代語の真相を把握しようとされ、さらに溯って国語の由来にも説き及ぼうとされたものである。同じく古代語を対象としても、旧来の国語研究におけるそれと相違するところのものは、そこに史的見地が加えられていることである。昭和六年（一九三一）、吉沢博士は従来の諸研究を纏《まと》めて、『国語史概説』を公けにされたが、国語史として組織されたものの最初のものである。昭和八年『国語科学講座』が刊行されるに至って、諸家によって国語の各時代の状態が分担記述され、後にさらに国語史諸篇（昭和十三年以降刊）において改訂出版されることとなった。

国語の史的研究は、さらに種々な部門に分たれ、あるいは仮名遣、平仮名・片仮名などの国字、あるいは語法などに亙ってそれぞれに歴史的に研究された。明治三十年代を国語の比較研究、あるいは系統研究の時代とするならば、明治四十年代以降は、国語の史的研究の時代ということが出来る。この潮流は、国字国語問題においても、単なる皮相的改革論から一歩退いて、国語の実際の歴史の調査の上に改革の根拠を求めようとする気運と相併行するものである。次に、右に述べた歴史的研究中の主な事項について略述することとする。

語法の史的研究——語法における史的事実を調査して、現行文法と実際の語法とを一致させようとする「文法上許容すべき事項」の出たことは既に述べた。明治四十年(一九〇七)、山田孝雄博士は、『国語沿革大要』を著して、国語語法史の簡単な解説を試みられたが、語法の史的認識の基礎として、文法的範疇を決定する必要があるという見解(『日本文法論』緒言)のもとに、明治四十一年、一般文法の範疇を論定した『日本文法論』を公けにされた。この範疇論を基礎にして大正二年(一九一三)に『奈良朝文法史』および『平安朝文法史』、大正三年に『平家物語の語法』の研究を発表され、奈良朝、平安朝、鎌倉などそれぞれの時代の文法的事実を記述された。湯沢幸吉郎氏は、室町時代の「抄物」の言語を資料として当時の口語を調査され、昭和四年(一九二九)『室町時代の言語研究』(後に『室町時代言語の研究』と改めた)を公けにされ、次いで昭和十一年『徳川時代言語の研究』を完成された。

仮名遣および仮名字体の研究——規範的意識あるいは古典解釈の基礎としての仮名遣の研究は、既に近世国学において研究されたことであった。また仮名字体の研究も、近世特に末期に至って古写本の蒐集の隆盛になると共に研究されたことであった。しかしながら、それらはいまだ歴史的には少しも調査されていなかった。歴史的研究は、仮名遣がいかに歴史的に混乱を来たしたかの実情を調査することであり、仮名の字体がいかにして成立したかを調査することである。大矢透博士は、仮名を研究対象として、そこから起こる種々な問題について一つの厖大な研究体系を立てられた。すなわち用字法としての仮名の成立の起源、仮名の音と漢字音との関係、それの根柢をなす古漢字音の研究、また仮名の字体の変遷などに亙るものであって、『仮名源流考』『仮名遣及仮名字体沿革史料』『音図及手習詞歌考』『周代古音考』『韻鏡考』などを公けにされたが、すべて、国語を歴史的見地において観察しようとしたものである。吉沢博士は乎《を》古《こ》止《と》点《てん》の研究によって、仮名字体の成立過程を明らかにされ、橋本博士は、「仮名の字源について」(『明治聖徳紀念学会紀要』大正八年)において、従来問題であった「ワ」および「ン」の字源を明らかにされた。

　また仮名遣については、既に述べた大矢博士の研究によって、各時代における仮名遣の実際の状態が点本を資料として調査され、本居清造《もとおりせいぞう》氏の『疑問仮名遣』(下編実例部)は同じく問題となるべき仮名遣を実例によって考定されようとしたものである。橋本博士は、万葉仮名遣に出発して、そこに特殊な仮名遣のあることを発見され、近世末期における隠れた研究者、石塚竜麿の『仮名遣奥山路《かなづかいおくのやまみち》』が同種の研究であることを紹介され、特殊仮名遣を通して万葉時代の国語の音韻組織の推定に、また万葉註釈に新しい根拠を与えようとしている。

音韻の史的研究——特殊仮名遣の発見、古訓点の研究、南蛮関係の資料の発見などによって各時代における国語の音韻組織が明らかにされると同時に、国語の音韻の史的考察も次第に進められるようになって来た。

以上によって国語の史的研究の大要を述べて来たのであるが、右のごとき諸々の研究が統一されて、一貫した国語史にまで纏められるためには、将来なお国語史そのものの概念の究明によって、言語の史的変遷の真義が明らかにされると同時に、なお広く資料の探索に俟《ま》たねばならないことである。

次に近時における新しい西洋言語学説の紹介について述べようと思う。明治初年以来輸入された言語学説は、もっぱら国語の系統あるいは国語の史的変遷についての研究を促したのであるが、昭和の初め、小林英夫氏は、フランコ・スイス学派のソシュールの言語学説を紹介された。この言語学説は、従来の史的言語学に対して、言語の体系的研究を力説し、そこから言語の諸現象を説明しようとしたものである。言語の研究が、史的研究以外に重要な研究領域を持つものであることを教えた功績は忘れることが出来ない。この学派が設定したラング、ランガージュ、パロルの三つの概念は、小林氏によって「言語」「言語活動」「言」として飜訳され、広く国語学の中に取り入れられるようになったのであるが、実体的なラングの概念は、既に古くより存在した言語道具観の理論づけと考えるよりほかなく、言語経験の歪曲した客体化であると見られるところにさらに検討の余地を残している。言語を不自然な客体化においてでなく、経験せられたままにこれを対象として把握することが重要であると考えられる時、古来、解釈作業において、言語を流動のままに把握して来た我が国語学史上の言語観に見るべきものがあると考えられるのである。明治以来、国語研究はもっぱら西洋言語学の問題に規定されてその進路を開拓して来た。今や国語学は、自己の対象の省察によって問題を設定し、理論を見出して行かねばならない時代に到達している。ここにおいて、国語学に対する言語学の立場と、旧国語研究の意義とが、厳密に理論づけられねばならないのである。

註

(1) 六六頁　言霊に関しては左記の書にくわしく述べられている。

「ことだま考」佐藤鶴吉『芸文』第十二年第三号(一九二一年)

『神と神を祭る者との文学』武田祐吉(古今書院、一九二四年)

(2) 同頁　言霊信仰をうかがうべき資料として、『万葉集』にはなお次のような歌を挙げることが出来ると思う(『新訓万葉集』に拠る)。

(二四七)　奥つ浪辺《へ》波立つともわが兄子《せこ》が御船《みふね》の泊《とまり》浪たゝめやも

(四二四二)　天雲《あまぐも》の去《ゆ》き還《かへ》りなむもの故に念《おも》ひぞ吾がする別れかなしみ

(四五一四)　蒼海原風波《あをうなばらかぜなみ》なびきゆくさくさつゝむことなく船は早けむ

(3) 六九頁　例えば、次のような例を挙げることが出来る。

「此れ、是を以て其の速須《はやす》佐《さ》之《の》男命《をのみこと》、宮造るべき地を、出雲国に求《ま》ぎたまひき。爾に、須賀ノ地に到り坐して詔りたまはく「吾、此地に来まして、我が御心須賀《すが》須賀斯《すがし》」とのりたまひて、其地になも宮作りて坐しましける。故れ其地をば、今に須賀とぞいふ」(『古事記』上巻)。

「当二此時一上天初晴衆倶相見。面皆明白《シロシ》。伸レ手歌舞。相与称曰阿波礼言天晴也阿那於茂志呂古語事之切皆称二阿那二言二衆、面明白一也 阿那多能志言伸レ手而舞今指二楽事一謂二之多能志一此意也」(『古語拾遺』)。

右諸例は、あるいは地名「須賀」を「すが〳〵し」という語に結び付け、あるいは「あはれ」「おもしろ」「たのし」などの語を、「天晴れ」「面白」「手伸し」などに結び付けて解釈したものであって、これらの例はなお『風土記』などに多く見ることが出来る。

（4） 七八頁　宣長は、『玉あられ』「文の詞を歌によむ事」の条に、散文と歌との間に用語の相違あることを注意している。

（5） 同頁　定家の『近代秀歌』に「詞は古きを慕ひ、心は新しきを求め」とあり、同『詠歌大概』に「和歌無二師匠一、只以二旧歌一為レ師染二心於古風一習二詞於先達一者誰人不レ詠哉」とある。順徳院の『八雲御抄』に「歌は只詮ずる所古き言葉によりて、その心を作るべし」、また「詞につきて不審をもひらくかたには、源氏物語にすぎたるはなし」と古典の古語に準拠を求むべきことを説かれている。『万葉代匠記』(『契沖全集』第二巻、六三頁(朝日新聞社、一九二六年))に「建保年中の歌合に、みがくれてといふ詞は、水によせずばよむまじきよしの沙汰有ける時、定家、家隆の両卿、俊頼朝臣の、玉くしのはにみかくれてとよまれたる歌を引て、証し申されけれども、八雲御抄には猶うけられぬことにのたまへり云々」と、当時の歌語使用の状況を述べている。

（6） 八四頁　論文一〇「契沖の文献学の発展と仮名遣説の成長及びその交渉について」第二項ロに詳説す。仮名遣の基準については、当時の信憑すべき古典の仮名遣に従おうとするもの、あるいは音義的見解に基づこうとするもの、あるいは古く『万葉集』の仮名遣によって疑いを決しようとするものなどの種々の立場が見出される。

（7）九二頁　『万葉集』の文永三年（一二六六）の仙覚の奥書に「不勘古語之点并手爾乎波之字相違」、また『仙覚全集』（古今書院、一九二六年）一一五頁に「波ノ字ハ、テニヲハノ字ニモチヰルコトツネノ習也」、また『下官集』「をの部」に「てにをはの詞のをの字」などに用いられた「てにをは」の名称は、すなわちそれであると考えられる。

（8）九三頁　本論の解説の参考のために、次に『国語学大系』（第十四巻、厚生閣、一九四四年）に収録された『手爾葉大概抄』の本文を掲げることとした。諸本の異同については、同書の校異がつまびらかである。

『手爾葉大概抄』

「和歌手爾波者唐土之置字也。以レ之定《ム》二軽重之心一、音声因レ之相続《シ》、人情縁《テ》レ之発揮《ス》也。学《フ》者《ハ》以二先達之秀歌《ヲ》一不レ勝三敢為《テ》二自得一焉。詞《ハ》如《ク》二寺社一手爾波如《シ》二荘厳一。以二荘厳之手爾葉《ヲ》一定《ム》二寺社之尊卑《ヲ》一。詞《ハ》雖レ有二際限一新レ之自二在《スル》之一者《ハ》手爾葉也。無尽《ノ》心於《テ》レ是顕然《タリ》矣。豈忽《ユルカセニセン》二緒之《ヲ》一哉。座句手爾葉連続之留《メハ》不レ能二容易《ニ》詠《ルコト》レ之、多《ハ》下《ノ》句枯《テ》而歌《ノ》姿虚弱也。残《スコトハ》二題《ヲ》於末《ニ》一所三先達《モ》教《ユル》二中人以下《ニ》一也。併《テ》達人善《スル》レ之則《ハ》鬼神《モ》感《シ》レ之落涙出レ之矣。奈里爾計留加奈《ナリニケルカナ》、奈里爾計羅志奈《ナリニケラシナ》、如レ此之類《ヒ》也。不《ル》二云切《ラ》一以二手爾波一所レ留《ムル》之歌《ハ》中《ニテ》云切《ル》也。於二云切《タル》之所《ニ》一留《ルナリ》焉。云切《ル》詞《トハ》有二定《ル》詞一。計里計留《ケリケル》、如《ノ》レ此類所《ナリ》二普《ク》知《ル》レ人其数繁多《ソクハク》也。以下不《ル》二云切一之詞《ヲ》上云切之習《ヒ》有レ一《ツ》。中《ノ》五文字置《ニ》二有《ク》レ体之文字《ヲ》一、是《レ》其《ノ》一《ツ》也《ナリ》。中《ノ》五文字之内上二字下二字有レ体文字而《ニシテ》中《ノ》一字《ハ》以二能《ノ》之仮名《カナヲ》一結レ之、是《レ》其《ノ》二也《ナリ》。一首之内於二処々《ニ》一云切歌《ハ》非《スシテ》二堪能之人《ニ》一不レ能レ詠《ムコト》レ之乎。筒《ツヽ》留《ハ》程経《ル》之心《カ》又非《スンハ》二二《タ》事相并之詠歌《ニ》一不レ留也。中《ノ》筒《ツツ》筒《ツツ》茂《モ》其心《ニシ》等矣。見《ミ》由《ユ》留者宇《ウ》具《ク》須《ス》津《ツ》奴《ヌ》伊《イ》記《キ》志《シ》知《チ》以二此《ノ》通音《ヲ》一押《ヘテ》留《ル》也。古《コ》曽《ソ》者兄《エ》計《ケ》世《セ》手《テ》之通音、志《シ》々《シ》加《カ》之手爾葉《ニテ》、尤《トカメ》之詞受《ハテ》レ下《ニ》留レ之。雖レ不レ受持《モツ》レ心則《ニハ》留《ル》也。屋字《ノ》有二十品一。一也屋《ニナリヤ》、二疑心《ニノヤ》、三《ニ》手爾葉《ノヤ》、四《ニ》願《ノヤ》、五《ニ》尤《トカムルヤ》、六《ニ》詞《ノヤ》、七《ニ》様《タメシノヤ》、八《ニ》推量《ノヤ》、九《ニ》残《ル》詞《ノヤ》、十《ニ》略屋《ノ》也。曽《ソ》者宇《ウ》具《ク》須《ス》津《ツ》奴《ヌ》之通音、禰《ネ》于《ニ》畿《キ》志《シ》遠《ヲ》波《ハ》志《シ》于《ニ》志《シ》加《カ》羅《ラ》無《ム》、以二此字一拘レ之。外《ニ》有二能屋《ノヤ》之替字《ヘ》一。加字《ノ》有二二品之別《ツ》一。一《ニ》疑、二《ニ》哉。刎字有二二品一。一《ニ》疑、二《ニ》手爾葉、三《ニ》結刎《ツメハネ》。物遠者《ヲトイフハ》残《ル》詞之手爾葉以二登《トノ》之字《ヲ》一押《ヘル》留也。物《モノ》加《カ》波《ハ》者長《タケクラヘノ》比之詞也。加《カ》波《ハ》屋《ヤ》波《ハ》女《メ》屋《ヤ》之三《トモニ》同意《ナリ》。而飄《ヒルカヘス》之詞有二三《ツノ》差別一。一《ニ》屋《ヤ》波《ハ》之波《ハ》休《メテハ》不レ飄、二《ツ》屋《ヤ》波《ハ》之波《ハハ》雖レ略《スト》等《ヒトシク》飄《ヒルカヘス》、三《ニ》加《カ》波之波《ハ》休《メテ》詠《スルカ》二加之一字《ニ》一也。毛《モノジ》有レ一。一《ハ》休《メ》、二兼《ハカヌル》也。此毛《モ》一首之内及《ニ》二二三《ツニ》一矣。加《カ》毛《モ》有レ一《ツ》。一毛《ノモハ》休《メテ》詠《ム》二疑《ノ》之心《ニ》一、二《ニハ》通《ス》二哉之心《ニ》一也。哉有《ニ》二六品一。一願《ハ》、二《ニハ》賛《コブノカナ》、三《ニハ》治定《ノカナ》、四《ニハ》有レ心《カナ》、五《ニハ》手爾波《ノカナ》、六《ニハ》吹流《スカナ》也。尓手《テ》者宇《ウ》具《ク》寸《ス》津《ツ》奴《ヌノ》通音。遠《ヲ》波《ハ》毛《モ》加《カ》羅《ラ》以二此《ノ》五字《ヲ》一不《レハ》レ押《ヘ》不レ留也。加《カ》志《シ》者真名《マナジ》之置字《ノ》乎《ヲ》矣《イ》之留《メ》也。置《ク》二決定《ノ》之処《ニ》一矣。為《ニ》二小子《ノ》一筆《ス》レ之。日《ヒ、ニ》誦《シテ》筌蹄《ヲ》忘《レヨ》焉。

手爾葉大概抄　終」

（9）一〇〇頁　『古事記』の序文には次のごとく述べられている。

「上古之時《ハ》、言意並朴《ニスナホニシテ》、敷《キ》レ文《ヲ》構《カマフルコト》レ句《ヲ》、於《テ》レ字《ニ》即難《シ》。已《ステニ》因《ヨリテ》レ訓《ニ》述《ベタルハ》者詞不《ズ》レ逮《オヨバ》レ心《ニ》、全《マタク》以

レ音連《ツラネタル》者《ハ》事趣《ノサマ》更《ニ》長《シ》。是《ヲ》以《テ》今或一句之中《ウチニ》交《ヘ》二用《キ》音訓《ヲ》一、或《ハ》一事之内《ウチニ》全以《テ》レ訓《ヲ》録《シルス》」（山田孝雄博士『古事記序文講義』〔一九三五年〕に拠る）。

右序文中の「訓に因って述べる」ということは、漢字を表意的に用いて思想を表わすことであり、音をもって連ねるということは、漢字を表音的に用いて言語を表わす意味であって、一般に使用されている文字の訓、音の意味とは異なる。

(10) 一〇一頁　吉沢義則博士は、加点すなわち漢文訓読の記載が成立したのは、講書の時代に後れて王朝初期に始まったものであろうと言って居られる。「点本書目」附録「点本の起源」（岩波講座『日本文学』〔第五巻、岩波書店、一九三一年〕）。

これに対して山田孝雄博士は、現存の点図の中に、奈良朝以前の点を記したものではないかと思われるものがあるところから、訓点法の行われたのは奈良朝以前であろうとして居られる（『国語学史要』第二項〔岩波書店、一九三五年〕）。

(11) 一〇四頁　榊原芳野『文芸類纂』学志上字音学参照。

(12) 一一二頁「万葉集の研究」（岩波講座『日本文学』〔第五巻、岩波書店、一九三一年〕）の中に述べられている。森本氏の同書は、用字法の研究史と、用字法の体系について述べたものであるが、その態度は、もっぱら字面とその訓法との出入関係に著目して組織しようとしたものであって、それに対する私の立場は、論文八、九につまびらかである。両者を対照されるならば、本稿の趣旨もいっそう明らかにされるであろうと思う。

(13) 一二三頁　『仙覚全集』に次のように述べられている。

「万葉ヲコソ、歌源トハスルコトナルニ、誰カコレヲソムキテ、異義ヲタテムヤ」(六二頁)と述べて「ぬばたま」の語の意義と用例とを示しているが、それは、『万葉集』において、かく使用するということを示したというよりも、『万葉集』が国語の本源を示すものであるがゆえにそこに見られる語の用法が権威あるものとされたのである。

また「我今マ生ヲアキツシマニウケタリ。ネカハクハ、ヤマトコトノハノミナモトヲサトラシメ、コノ一事ニヲイテ、無師自然ノ智恵ヲアタヘタマフヘキヨシヲ、イノリコヒハヘリキ。ソノシルシニヤアリケム、三十年ニアタリテ、万葉集本々披見ノ因縁自然出来コトオホカリキ」(同三六二頁)。

(14) 一二六頁　例えば『源註拾遺』に、中古の語義を理解するために、『日本紀』『万葉集』の古訓をもってし、『古今余材抄』がその名の示すごとく、万葉研究の余材によって成ったということは、上代文献に理解されたものをもって中古の言語に適用することであった。

(15) 同頁　第一期ロの第一項につまびらかである。

(16) 一二九頁　仙覚の解釈法の例をなお挙げるならば、『万葉集』(三三五二)「ツクバネニユキカモフラル」の「フラル」の語法は、後世、東国方言の特殊な語法と解したが、仙覚は、「フレル」と同内相通であるとした(『仙覚全集』二七四頁)。また『万葉集』(四〇九九)「イニシヘヲオモホスラシモ……アリカヨヒメス」の「メス」は、後世、「見給う」と解せられたが、仙覚は「アリカヨヒマス」と同内相通であるとした(『仙覚全集』三三六頁)。

(17) 同頁 語の定形が重んぜられるようになるということは、語の与えられた形自身に即して、みだりに相通延約をもって他の語形に移行して考えないということである。契沖は、相通法に、ある限界を認めて「されとも経を緯とすることあたはざるが如く、通ずる音、通ぜぬ音あり」(『和字正濫通妨抄』)と言っている。『万葉集』(八八六)「トケシモノ」の語釈に、従来「トケシモノ」を「床し物」と解するのがあったのを契沖は、「床」を「トケ」と言った例が無いことを理由としてこの説を斥けた。しかしながら、契沖の考えにはなお中世の名残が認められるのであって、『万葉集』(四四二八)「ツクシハヤリテ」とある「ハ」を通じて「ツクシヘヤリテ」と解した。また(四〇八二)「カクコヒスラハ」とあるを、仙覚説を少しく訂正して、「ル」と「ラ」と通じて「カクコヒスルハ」と解した。

(18) 一三〇頁 『万葉集』(三五〇九)「アロコソエシモ」を「アルコソヨシモ」と解して、「今ノ世ノテニヲハニハ違ヘリ。此集ニハ上ニモ今トテニヲハノ違ヘル歌イクラモ例アリ。」と、「こそ」の呼応の異なっていることを注意している。

(19) 同頁 『万葉集』(三一七四)「露置爾家留」とあるのは、「ける」の結びに対して、上に「ぞ」が脱落したものであるとして、本文を訂正した。かくのごとく語法上に一定の法則が存し、古代と後世との間に相違があることについては、いまだ宣長の『詞玉緒』におけるほど注意され、組織立てられはしなかったが、その骨子は既に契沖において存したことであった。

(20) 一三七頁　岡井慎吾博士「字音研究史上の太田全斎翁の位置」(浜野知三郎氏校『漢呉音図説』下)。

(21) 一四四頁　宣長「抑此事(語によって同音の文字を使いわけること)は古語を解く助となることいと多きぞかし」(『古事記伝』巻一、「仮字の事」)。魚彦「仮字の違へるは即言のたがへるなり」(『古言梯』附言)。成章「明魏にしたがはば(明魏は仮名の別を排することを主張した)いにしへをしたひ、ことをさだめむ人、なにによりてか言のこころをもわきまへまし」(『北辺随筆』巻三、「音の存亡」)。

竜麿『仮名遣奥山路』総論に宣長説を踏襲す。

(22) 一四七頁　『字音仮字用格』「おをの部」(『増補本居宣長全集』第九巻〔吉川弘文館、一九二七年〕)。

宣長はまた『玉勝間』巻二、「五十連音をおらんだびとに唱へさせたる事」の条に、「お」「を」の別が実際の発音上の差別にあることを、和蘭人の発音によって知ることが出来るということを述べている。

（23）一四八頁　『古言別音鈔』引用の『仮字遣奥山路』には、音韻の別によるものであることを述べている由、しかし、それがいかなる音であるかは説いていない（橋本進吉博士「仮名遣奥山路について」）。

（24）同頁　古典全集本『仮名遣奥山路』解題（日本古典全集刊行会、一九二九年）。「上代の文献に存する特殊の仮名遣と当時の語法」（『国語と国文学』第八巻第九号、『橋本進吉博士著作集』第三（岩波書店、一九四九年））。

望月世教氏は、右の橋本博士の研究を継承して、「上代に於ける特殊仮名遣の本質」（『日本文学論纂』（佐々木博士還暦記念会編、明治書院、一九三二年）所収）なる論文においてそれがいかなる音韻であるかの研究を発表された。

（25）一五九頁　契沖の語法研究については、第二期ニ「語法意識の発達」の中に述べたが、なお断続に注意して文意を理解しようとすることも試みている。『万葉集』巻五（八一九）「ヨノナカハコヒシキシヱヤ」の句の切方に三つの方法のあることを指摘し、同（八五三）「ミルニシラエヌウマヒトノコト」の句において、「此ヌハ決スル辞ニテ句絶ナリ」とあるは、今日の用語をもっていうならば、「シラエヌ」は終止形であり、次の「ウマヒト」にはかからぬものであることを述べたことになる。また同（八〇四）「きれさる字にても、句とする事、此集に例おほし」とあるのも、万葉特有の結辞（切字）について論じたものである。

(26) 一九五頁　『活語断続譜』、遡っては宣長の『御国詞活用抄』にある「会」は、ヱと読むのではなかろうかと考える。その意味は、九会曼陀羅、会式などと使用されているように、会合、集まりの意味である。「群」の字は「群衆」と使われるように統一なきむらがりを意味するが、「会」は中心点の存在する集まりである。グループは、「群」ではなくしてむしろ「会」である。『活語断続譜』には、一会ごとに用言の例をただ一個を挙げているので、「会」の意味が明らかでないが、『御国詞活用抄』には、一会ごとに同種の用言数個を挙げている。それは同種の用言の一団ということであろうと思う。右は「会」についての私見であって、御示教を賜わりたい。

ちなみに、第二十七会の形容詞の末に、第六会別部として「有り」を入れているが、それは「有り」という語の意味の上から、また終止の形が「り」となることが、形状の詞の語尾が「シ」となるのと同韻であるという解釈に基づく。『離屋新纂』の説である(『国語・国文の研究』第二十八号、石田元季氏「鈴木離屋」参照)。

(27) 二一四頁　『活語指南』がその内容より見て義門の著述であることについては、多屋頼俊氏に「活語指南成立考」がある(『国語・国文の研究』第四十、四十一号)。

(28) 二三三頁　徂徠の『訳文筌蹄』巻首題言十則の中に次のごとく言っている。

「是ノ編有二形状字面一。有二作用字面一。有二声辞字面一。有二物名字面一。詩家ノ所謂虚実死活即是ノ物也。」

(29) 二三五頁　森有礼の国語廃止、英語採用に関する論説、および米国の言語学者フィットニーのそれに対する忠告の詳細は、『明治文化全集』「教育編」に収められている。『国語国字改良論説年表』によれば、高田早苗は、明治十八年(一八八五)七月横浜において、「英語を以て日本の邦語となすべし」という講演を行っている。坪内逍遥は、『小説神髄』に、羅馬《ローマ》字採用を、国語を変じて英語となす前提であると考え、その点、仮名採用論に優るものであるということを述べている。これらの極端な改革論に対して、一、二の外人は、国語の廃すべからざることを親切に忠告した。既に述べた森有礼に対するフィットニーの説、あるいは当時の文相田中不二麿に対するダビッド・モルレーの説のごときそれである。共に『明治文化全集』「教育編」に収められている。

馬場辰猪が、森有礼の改革意見に憤慨して、口語の文法を公けにしたことについては、山田孝雄博士の『国語学史要』第十八項につまびらかである。しかしそれはロンドンで行われたことであって、我が国内における国語問題の動向には無関係であった。

(30) 一二三六頁　菅波岩蔵編『文字文章改良論』は、明治十七年(一八八四)より二十八年に至る間の文字文章の改良論を輯めている。その緒言に「文字及文章の事たるその関係するところ広く且大にして、殊に学校及社会の教育に至大の関係を有す」と述べて、日本人の体格を改良するにも、道徳を高めるにも、知識技能を長ずるにも、武育体育、女子教育、理学思想、衛生思想、実業などの発展のためには、まず文字文章を改良しなければならないことを力説している。

(31) 一三九頁　国語調査会は、その方針によれば、一つはその目標を実際問題の解決に置き、一つはその前提として国語の学問的調査を行ったのである。すなわち表音文字の採用、言文一致の採用を目標として、その研究調査のために、国語の音韻組織、方言調査、標準語の選定などの項目を設けている。なおこのほかに、応急のこととして、漢字節減、仮名遣を調査することとしている。次にその業績は、実際問題に関する事柄と、純学問的国語研究に関するものとを含んでいるが、純学問的研究としては、

『音韻調査報告書』同分布図〔国語調査委員会編、日本書籍、一九〇五年〕
『口語法調査報告書』同分布図〔国語調査委員会編、国定教科書共同販売所、一九〇六年〕
『仮名遣及仮名字体沿革史料』〔大矢透〕〔国定教科書共同販売所、一九〇九年〕
『仮名源流考』〔大矢透〕〔同右、一九一一年〕
『周代古音考』〔大矢透〕〔同右、一九一四年〕
『平家物語につきての研究』〔山田孝雄〕〔同右、一九一一～一四年〕
『疑問仮名遣』〔本居清造〕〔同右、一九一二～一五年〕
『口語法別記』〔大槻文彦〕〔同右、一九一七年〕

著者著述目録

一　「日本に於ける言語意識の発達及び言語研究の目的とその方法」東京帝国大学文学部卒業論文、大正十三年十二月脱稿
二　「鈴木朖の国語学史上に於ける位置」『国語と国文学』四ノ一、昭和二年一月
三　「口語文の本質」『国語と国文学』四ノ四、昭和二年四月
四　「文法教授に対する卑見」『国文教育』五ノ四、昭和二年四月
五　「明治元年より大正十五年に至る国語学関係刊行書目」『国語と国文学』四ノ五、昭和二年五月
六　「本居宣長及び富士谷成章のてにをは研究に就いて」『国語と国文学』五ノ二、昭和三年二月
七　「伊藤慎吾君著近世国語学史を評す」『国語と国文学』六ノ三、昭和四年三月
八　「古典註釈に現れた語学的方法――特に万葉集仙覚抄に於ける」京城帝大法文学会論纂『日本文化叢考』(刀江書院)の中、昭和六年九月
九　「万葉用字法の体系的組織に就いて」『国語と国文学』九ノ五、昭和七年五月
一〇　「契沖の文献学の発展と仮名遣説の成長及びその交渉について」佐佐木信綱博士還暦記念論文集『日本文学論纂』の中、昭和七年六月

一一　「国語学史」岩波講座『日本文学』の中、昭和七年八月

一二　「源氏物語帚木巻冒頭の解釈――「さるは」の語義用法に基いて」『国語・国文』三ノ三、昭和八年三月

一三　「古語解釈の方法――「さるは」を中心として」『国語・国文』三ノ九、昭和八年九月

一四　「国語学の体系についての卑見」『コトバ』三ノ一二、昭和八年一二月

一五　「語の意味の体系的組織は可能であるか」京城帝大文学会論纂第二輯『日本文学研究』(京城大阪屋号書店)の中、昭和一一年三月

一六　「国語の品詞分類についての疑点」『国語と国文学』一三ノ一〇、昭和一一年一〇月

一七　「形容詞形容動詞の連用形に於ける述語格と副詞格との識別について」『国語と国文学』一三ノ一〇、昭和一一年一〇月

一八　「海道記新註続貂」『国語教育』二二ノ一・二、昭和一二年一・二月

一九　「文の解釈上より見た助詞助動詞」『文学』五ノ三、昭和一二年三月

二〇　「心的過程としての言語本質観」『文学』五ノ六・七、昭和一二年六・七月

二一　「語の形式的接続と意味的接続」『国語と国文学』一四ノ八、昭和一二年八月

二二　「文の概念について」『国語と国文学』一四ノ一一・一二、昭和一二年一一・一二月

二三　「言語過程に於ける美的形式について」『文学』五ノ一一・六ノ一、昭和一二年一一月、一三

年一月

二四　「言語に於ける場面の制約について」『国語と国文学』一五ノ五、昭和一三年五月

二五　「場面と敬辞法との機能的関係について」『国語と国文学』一五ノ六、昭和一三年六月

二六　「国語に対する山本有三氏の意見について」『文学』六ノ七、昭和一三年七月

二七　「菊沢季生氏に答へて」『国語と国文学』一五ノ九、昭和一三年九月

二八　「国語のリズム研究上の諸問題」『国語・国文』八ノ一〇、昭和一三年一〇月

二九　「敬語法及び敬辞法の研究」京城帝大文学会論纂第八輯『語文論叢』(岩波書店)の中、昭和一四年二月

三〇　「言語に於ける単位と単語について」『文学』七ノ三、昭和一四年三月

三一　「昭和十三年度に於ける国語学一般の概観」靖文社『国語国文学年鑑』第一輯の中、昭和一四年一一月

三二　「国語学と国語の価値及び技術論」『国語と国文学』一七ノ二、昭和一五年二月

三三　「懸詞の語学的考察とその表現美」三省堂『安藤教授還暦祝賀記念論文集』の中、昭和一五年二月

三四　「言語に対する二の立場——主体的立場と観察者的立場」『コトバ』二ノ七、昭和一五年七月

三五　「国語学と国語教育」朝鮮教育会『文教の朝鮮』一七九、昭和一五年七月

三六 『国語学史』岩波書店、昭和一五年一二月
三七 「言語の存在条件――主体・場面・素材」『文学』九ノ一、昭和一六年一月
三八 「国語の特質」朝日新聞社『国語文化講座』巻二の中、昭和一六年一〇月
三九 『国語学原論』岩波書店、昭和一六年一二月
四〇 「朝鮮における国語政策」『日本語』二ノ八、昭和一七年八月
四一 「言語の意味(巻頭言)」『国語文化』三ノ五、昭和一八年五月
四二 「本居宣長と鈴木朖――初山踏と離屋学訓について」『解釈と鑑賞』八ノ九、昭和一八年九月
四三 「国学における国語研究と現代国語学の筋書」『国語と国文学』二〇ノ一〇、昭和一八年一〇月
四四 「最近における国語問題の動向と国語学」『日本語』四ノ二、昭和一九年二月
四五 「言語学と言語史学との関係」橋本博士還暦記念『国語学論集』(岩波書店)の中、昭和一九年一〇月
四六 「国語に対する伝統論と革新論(巻頭言)」『国語と国文学』二一ノ一一、昭和一九年一一月
四七 「橋本博士と国語学」『国語と国文学』二二ノ五、昭和二〇年五月
四八 「学問における「人」と「対象」と「研究法」(巻頭言)」『国語と国文学』二三ノ一、昭和二一年一月

四九　「学界総懺悔（巻頭言）」『解釈と鑑賞』一一ノ二、昭和二一年二月
五〇　「切替へか手入れか――拙著『国語学史』のことども」『信濃教育』七一四、昭和二一年六月
五一　「「なさけ」について――平安朝生活の一の理想」『遠天』一ノ六、昭和二一年九月
五二　橋本進吉博士著作集「国語学概論」解説、岩波書店、昭和二一年一二月
五三　「仮名交り文に就いて」『信濃教育』七二〇、昭和二一年一二月
五四　「国語の交通整理」『会館文化』四ノ一二、昭和二一年一二月
五五　「国語問題に対する国語学の立場」『国語と国文学』二四ノ一・二、昭和二二年一・二月
五六　「国語審議会答申の「現代かなづかい」について」『国語と国文学』二四ノ二、昭和二二年二月
五七　「国語規範論の構想」『文学』一五ノ四、昭和二二年四月
五八　「文学における言語の諸問題」『国語と国文学』二四ノ八、昭和二二年八月
五九　「中等文法の解説と批判」中教出版社『新しい教室』昭和二二年九月
六〇　『国語研究法』三省堂「国語叢書」の中、昭和二二年九月
六一　「国語に於いて敬語を用ゐる意義」『季刊大学』三・四号、昭和二二年一〇月
六二　「西尾実氏の「ことばの実態」について」『国語と国文学』二四ノ一二、昭和二二年一二月
六三　「国語仮名づかひ改訂私案」『国語と国文学』二五ノ三、昭和二三年三月

六四「国語科学習指導要領私案(講読篇)」『新しい教室』三ノ三、昭和二三年三月

六五「国語教育における古典教材の意義について」『国語と国文学』二五ノ四、昭和二三年四月

六六「子供の名前」『日読ニュース』一三、昭和二三年五月

六七「車中漫想――国文学のありかたについて」『碧落』三ノ九、昭和二三年九月

六八「活用表はどうして出来たか」山海堂『学窓』創刊号、昭和二三年一二月

六九「国語科学習指導要領私案(文法篇)」『新しい教室』三ノ一二、昭和二三年一二月

七〇「国語科学習指導要領私案――文法篇」非売品(中教出版社)、昭和二四年二月

七一「国語教育に於ける誤られた総合主義と科学主義」健文社『国語国文学教育の方向』の中、昭和二四年五月

七二「国語に於ける変の現象について」『国語学』第二輯、昭和二四年六月

七三「国語史研究の一構想」『国語と国文学』二六ノ一〇・一一、昭和二四年一〇・一一月

七四『国語問題と国語教育』中教出版社、昭和二四年一一月

七五「源氏物語の文章と和歌」紫野故郷舎『源氏物語講座』下巻の中、昭和二四年一二月

七六「平井昌夫氏の「コトバの社会性」を読んで」『ことばの教育』一二ノ五、昭和二五年五月

七七 藤原与一著『日本語方言文法の研究』(書評)、岩波書店『図書』八号、昭和二五年六月

七八『日本文法 口語篇』岩波全書、昭和二五年九月

七九　「スターリン「言語学におけるマルクス主義」に関して」『中央公論』秋季特別号、昭和二五年一〇月
八〇　『古典解釈のための日本文法』至文堂「日本文学教養講座」一四、昭和二五年一二月
八一　「漢字政策上の諸問題」『国語と国文学』二八ノ一、昭和二六年一月
八二　「文学研究における言語学派の立場とその方法」『国語と国文学』二八ノ四、昭和二六年四月
八三　「国語に於ける誤解と曲解」『信濃教育』七七三、昭和二六年五月
八四　「国語教育のありかた」非売品(中教出版社)、昭和二六年六月
八五　「国語教育上の諸問題」『国語と国文学』二八ノ七、昭和二六年七月
八六　「かきことば」刀江書院『国語教育講座』巻一の中、昭和二六年九月
八七　「国語生活の歴史」同右、昭和二六年九月
八八　「言語の社会性について」『文学』一九ノ九、昭和二六年九月
八九　「文章論の一課題」『国語研究』八(愛媛国語研究会)、昭和二六年一一月
九〇　「対人関係を構成する助詞助動詞」『国語・国文』二〇ノ九、昭和二六年一二月
九一　「国語教育と文学教育」教育書林『国語科文学教育の方法』の中、昭和二七年二月
九二　「国語科より見た漢文復活の問題」『新しい教室』七ノ五、昭和二七年五月
九三　「国語学と国語教育との交渉」『国語教育学会紀要』第一集、昭和二七年五月

九四　S・I・ハヤカワ氏著『思考と行動における言語』(書評)、『国語と国文学』二九ノ八、昭和二七年八月
九五　「言語教育と文学教育」金子書房『教育建設』8(西尾実氏との対談)、昭和二七年九月
九六　「国語政策の盲点」『東京大学学生新聞』一三九号、昭和二七年一一月
九七　「文法研究の一課題」『国語学』第一一輯、昭和二八年一月
九八　「新仮名遣は改善の余地なきか」『明日香路』昭和二八年一月
九九　「国語教育の問題点」教育書林『国語科学習指導の方法』の中、昭和二八年五月
一〇〇　「言語における主体的なもの」金田一博士古稀記念『言語民俗論叢』(三省堂)、昭和二八年五月
一〇一　「金田一春彦氏の不変化助動詞の本質を読んで」『国語・国文』二二ノ五、昭和二八年五月
一〇二　『古典の解釈文法』(至文堂)増淵恒吉と共著、昭和二八年五月
一〇三　「言語と生活との交渉——特にシャール・バイイの言語学説との対比において」『国語と国文学』三〇ノ八、昭和二八年八月
一〇四　「「申したまふ」についての考」『国語と国文学』三〇ノ一〇、昭和二八年一〇月
一〇五　「文章研究の要請と課題」『国語学』第一五輯、昭和二八年一二月
一〇六　「作文教育の方法について」『実践国語』昭和二九年一月

一〇七　『日本文法　文語篇』岩波全書、昭和二九年四月
一〇八　『国語教育の方法』習文社「これからの国語教育のために」叢書第一、昭和二九年四月
一〇九　「漢字制限の問題点(討論)」『国語学』第一七輯、昭和二九年八月
一一〇　「詞と辞の連続非連続の問題」『国語学』第一九輯、昭和二九年一二月
一一一　『国語学原論　続篇』岩波書店、昭和三〇年六月
一一二　「文学教育と言語教育」『信濃教育』八二二、昭和三〇年六月
一一三　「時代の流れ」全日本国語教育協議会誌『国語教育』昭和三〇年七月
一一四　「私の弁論修業」同右、昭和三〇年九月
一一五　「話しことばの性格」明治図書講座『国語教育』第三巻、昭和三〇年一〇月
一一六　石垣謙二著『助詞の歴史的研究』(書評)、岩波書店『図書』七五号、昭和三〇年一二月
一一七　「黎明期の国語学と国語政策論との交渉」『国語と国文学』三三ノ一、昭和三一年一月
一一八　『日本文法　文語篇(改訂版)』岩波全書、昭和三一年三月
一一九　「古典教育の意義とその問題点」『国語と国文学』三三ノ四、昭和三一年四月
一二〇　「国語審議会に何を期待すべきか」『日本話術ロータリー』昭和三一年五月
一二一　「ことばの機能と人間形成」明治図書講座『国語教育』第一巻、昭和三一年六月
一二二　「国語教育における能力主義」明治図書講座『国語教育』第八巻、昭和三一年七月

一三 「竹岡正夫氏の詞辞論批判について」『ことばの教育』八三号、昭和三一年九月
一四 「源氏物語の国語学的研究」『国語と国文学』三三ノ一〇、昭和三一年一〇月
一五 『現代の国語学』有精堂、昭和三一年一二月
一六 「言語における伝言者の立場について」『国語学』第二七輯、昭和三一年一二月
一七 「言語の図式的表現について」全国大学国語国文学会『文学・語学』昭和三二年三月
一八 「服部四郎教授の「言語過程説について」を読む」『国語・国文』二六ノ四、昭和三二年四月
一九 『国語学への道』(『国語研究法』を補訂改題)、三省堂、昭和三二年九月
二〇 「長船省吾氏の詞と辞の区別に関する論文を読む」『国語学』第三〇輯、昭和三二年九月
二一 「詩歌における音楽性について」『国語学』第三一輯、昭和三二年一一月
二二 「文法論と文法教育」明治書院『日本文法講座』2、昭和三二年一一月
二三 「条件法として解釈される連体形の一用法」『国語と国文学』三五ノ二、昭和三三年二月
二四 「平家物語はいかに読むべきかに対する一試論」『国語と国文学』三五ノ七、昭和三三年七月
二五 「平家物語の異本の成立過程の一考察」國學院大学『国語研究』第八号、昭和三三年一一月
二六 「国語政策のための基礎的研究について」『国語学』第三七輯、昭和三四年六月
二七 『古典解釈のための日本文法(増訂版)』至文堂、昭和三四年六月
二八 「文章表現と題材との関係」明治図書『国語教育』一ノ六、昭和三四年八月

一三九　「近世語研究の意義について」『国語と国文学』三六ノ一〇、昭和三四年一〇月

一四〇　「国語学と国語教育」好学社『中等教育講座』国語科篇、昭和三五年三月

一四一　「文章研究の意義と方法」学燈社臨時増刊『国文学』昭和三五年七月

一四二　『文章研究序説』山田書院、昭和三五年九月

一四三　「国語史研究と私の立場」『国語と国文学』三七ノ一〇、昭和三五年一〇月

一四四　「国語教育の基礎的な諸問題」牧書店『実践講座国語教育』昭和三五年一一月

一四五　「高等学校学習指導要領の改訂について」学燈社『国文学』昭和三五年一二月

一四六　『国語問題と国語教育(増訂版)』中教出版社、昭和三六年一〇月

一四七　「国語問題論議の一の重要な性格」国語問題協議会会報『国語国字』昭和三六年一一月

一四八　「現代国語の特色」講談社『現代の話し方と文章』第一巻、昭和三六年一一月

一四九　「和歌史研究の一観点」『国語学』第四七輯、昭和三六年一二月

一五〇　『国語問題のために』東大出版会「東大新書」昭和三七年四月

一五一　「「現代国語」の意義」学燈社『高等学校国語教育実践講座』巻一、昭和三七年五月

一五二　「漢文教育に何を望むか(アンケート)」『言語生活』一三〇号、昭和三七年六月

一五三　「人間形成のための作文教育」『中等教育資料』一三四号、昭和三七年七月

一五四　「国語科の本質と人間形成」明治図書『道徳の時間』一五号、昭和三七年七月

一五五　「改訂学習指導要領(国語)を教科書に具体化するについての諸問題」学燈社『国文学』七ノ八、昭和三七年七月
一五六　「小著『文章研究序説』に対する古田拡氏の批判「言語の時間性」についてを読む」日本文学協会『日本文学』昭和三七年一〇月
一五七　「国語教育は何を教育する教科か」東京書籍『東海の国語』一、昭和三七年一〇月
一五八　「国語教育研究はどうあるべきか」明治図書『国語教育』四八、昭和三七年一二月
一五九　「真理は簡明平易である」東京書籍『教科書のあゆみ』、昭和三七年
一六〇　「「現代国語」の意義」学燈社臨時増刊『国文学』昭和三八年一月
一六一　「言語生活の研究と「現代国語」」東京書籍『教室の窓』一二ノ一、昭和三八年一月
一六二　「言語過程説に基づく作文教育観」東京書籍『教室の窓』一二ノ四、昭和三八年四月
一六三　「読者の立場と鑑賞者の立場」『国語と国文学』四〇ノ六、昭和三八年六月
一六四　『改稿 国語教育の方法』有精堂、昭和二九年版の改稿、昭和三八年六月
一六五　「現代語と現代の言語生活」明治書院『現代語講座』1、昭和三八年一二月
一六六　「国語教育に求めるもの」東京書籍『国語かながわ』昭和三八年九月
一六七　「一読主義は正しい読解指導の目標」明治図書『国語教育』六三、昭和三九年一月
一六八　「「新しい国語」の編集にあたって」東京書籍『教室の窓』昭和三九年

一六九 「物語文と説明文」東京書籍『東海の国語』一〇、昭和三九年五月

一七〇 「私の国語教科書観」東京書籍『東海の国語』一一、昭和三九年六月

一七一 「国語教育の諸問題(座談会)」東京書籍『教室の窓』一三ノ五、昭和三九年六月

一七二 「栄花物語を読む」『国語と国文学』四一ノ一〇、昭和三九年一〇月

一七三 「近代科学としての国語学」『毎日新聞』学芸欄、昭和三九年一一月

一七四 「国語教育における文法教育」明治書院『口語文法講座』1、昭和四〇年二月

一七五 「〈読むこと〉の研究――この研究課題の意味するもの」『国語国文』三四ノ二、昭和四〇年二月

一七六 「言語過程説の成立とその展開」『国語学』第六〇輯、昭和四〇年三月

一七七 「国語教育における〈練習〉について」東京書籍『国語とうきょう』三ノ一、昭和四〇年四月

一七八 「国語教育の指導原理の必要性」明治図書『国語教育』七七、昭和四〇年四月

解説
――『国語学史』と『国語学原論』――

藤井貞和

一　『国語学史』に到る

時枝誠記《ときえだもとき》(一九〇〇―六七)は『国語学原論』(一九四一年〈昭和十六〉、岩波書店)のなかで、この『国語学史』(一九四〇年〈昭和十五〉、同)を説明して、「私は言語過程観を具体的に示す前に、古き国語研究の暗示する処の言語観について述べて置かねばならないと思うのであるが、それらについては、拙著『国語学史』全体がこれを示すであろう」(岩波文庫版、上巻一〇三頁)と述べている。

みぎの「言語過程観」は時枝その人によって〝言語過程説〟とも言い換えられてきた。

氏の主要な学説にほかならない。
『国語学史』は、私どもが〈日本語〉観の歴史——日本語の歴史ではない——を知るうえで、適切なガイドとして働くとともに、これを〝言語過程説〟成立史にかかわる著述だというように読むことができる。ここに時枝の『国語学史』を取り上げる大きな理由がある。

つまり日本語の歴史を知りたいならば、他にいくらも参考書のたぐいがあろう。本書はそうでなく、〈国語学〉史であり、しかも時枝がそこに見いだす「言語過程観」の流れをそこに跡づけようとする。じつにユニークな学の歴史だ。

時枝は東京大学文学部の卒業論文「日本ニ於ケル言語意識ノ発達及ビ言語研究ノ目的トソノ方法」[1]以来、その序文に言うように〝言語トハ何ゾヤ〟（言語とは何か）を求めて論文をあらわしつづけ、『岩波講座　日本文学』「国語学史」（一九三二年〔昭和七〕）をへて、この『国語学史』に到った。

翌一九四一年（昭和十六）という年には主著『国語学原論』をあらわして、あわせて二部作という感があり、戦後における『国語学原論　続篇』（一九五五年〔昭和三十〕、岩波書店）をあわせるならば、三部作ということになる。

怒濤のように押し寄せる西欧近代によって、事物も思考も近代化(という名の西欧化)を免れなかった明治~昭和前代にあって、ほかならぬ日本語から〝言語トハ何ゾヤ〟という問いを立ち上げるためには、『万葉集』の過去からつづく日本語観を丁寧に読みほぐして、現代語までの流れのなかにかれの提唱する〝言語過程説〟が適切に位置づけられなければならなかった。

時枝と言えば、文法学説をうち立てた人だ。〝言語過程説〟を基礎に体系づけられたその成果は〝時枝文法〟と名づけられる。あらかじめ書いておけば、品詞を〈詞〉と〈辞〉とに二分する(名づけるならば)〈詞/辞〉学説、およびそのさらなる展開である文の〈入れ子型〉構造(風呂敷型とも、引出しの引手とも)といった視野はよく知られる。この『国語学史』はそのような視野が成長してくる記述でもある。

二 〝言語過程説〟とソシュール

〝言語過程説〟は時枝その人による呼称であるから、見極めておくいくつかの要点がある。時枝は言語の本質に心的過程を見ると言う(『国語学原論』岩波文庫版、上巻九頁、二九頁)。心的過程とは何か。「主体的なる又心的なる存在」(同三四頁)とも「心的経験」(同)とも言い換えられる。甲の言語が再体験されて観察者(=乙)の心的経験として成立するのだ、と。その手続きが解釈作業にほかならないとする。

心的過程は一般的に考えるならば、心理学での主要な関心事でこそあれ、言語固有のこととして了解できるか、まずは心もとないかもしれない。心的過程は言語が持つ一性格であっても、それを本質というように言えるか、氏の言う限りでそこを言語の本質とするので、もうしばらく考察を必要とする。

心的過程という考え方を氏がどこから得ているか、小林英夫訳の『(ソシュール)言語学原論[2]』(一九四〇年版による)に参照を求めると、ソシュール(一八五七—一九一三)の言い方では「心的な現象」あるいは「心的な部分」にあたる。言語現象はつねに二面性であらわれるために[3](ソシュール)、定義が困難であるとし、よってどうするかというと、「言語 langue の土地の上に腰を据え、これをもって言語活動の爾余一切の顕現の規範となす」とする。つまり言語活動 langage(ランガージュ、〈英〉language)のいっさいのあらわれにとっての規範が言語 langue〈ラング〉で、それは言語活動の「本質的な部分」である、と。言語活動の能力の社会的所産であるとともに、この能力の行使を個人に許すべく社会団体が採用した、必要な制約の総体が言語〔ラング〕であるとする。

言語〔ラング〕はそれ自身一体であり、分類原理をなす。それに対し、言語活動の機能が、単に「物をいうためにできているか」は、じつは証明済みでない。声音装置は二次的なのである、と。人間生具であるのは分節言語〔という記号〕だ、とする。ブローカ〔一八二四―八〇〕の発見した脳機能の局在とは(4)、記号を呼び起こす能力なのだと、つまり一般的な能力があって記号に司令する、それが言語活動能力である、と。

言語活動の総体のうちに言語に相当する区域を見いだすためには、個人的行為をとってみる必要がある、として、「言の循行」はこれによって組み立てることができるとする。循行の起点は甲の脳内にある。脳のなかで概念という意識事実が聴覚映像と聯合する。聴覚映像を脳内で放つのは、まったく「心的な現象」である。音波が乙の耳へ伝播する〔物理的過程〕。循行は、乙のなかで、逆の順序で続行され、映像が概念と心的聯合をなす、と。ソシュールは、個人的行為として行われるこのような循行を言 parole〈パロール〉と呼ぶ。

三　聴覚映像と概念との連続

時枝はそれに対して、一貫して(ソシュール言うところの)言(パロール)だけをあいてにしてみせると受け取れる。時枝の提示する表はソシュールの図(次頁)とほぼおなじで、用語も一致する。時枝の言わんとするところを煩を厭わずつぎのように書き改めてみよう。遂行過程(話者)にあっては、「素材」は具体的事物である場合もあり、表象である場合もある。

遂行過程

第一次過程は「概念」。辞にはこの第一次過程がないと言う。

第二次過程は「聴覚映像」。

第三次過程は「音声」。受容者への空間伝達は純物理学的だと言う。

「文字」を通る場合は第四次過程。

聴覚映像からただちに「文字」に移る場合と、いったん音声に移されて、そののち

「文字」に移される場合と、「概念」からただちに「文字」に移される場合とがある。

受容過程（聴者）はみぎのコースを逆に辿るので、

第四次過程「文字」

第三次過程「音声」

第二次過程「聴覚映像」

第一次過程「概念」

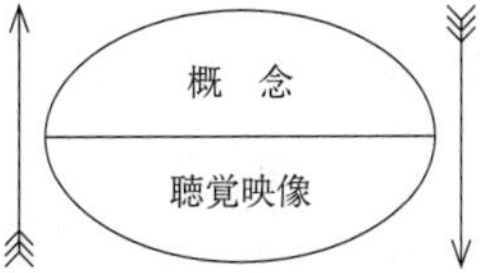

となる。

これらの過程をへて「素材」（具体的事物あるいは表象）に到達する、と。これでは時枝はソシュール（あるいは小林英夫）にほぼ拠っていると見てよい。時枝と言えば〝言語過程説〟の創始者とされるけれども、みぎの聴覚映像と概念との連続にそれを求めるという限りでは、ソシュールの論じるところと、用語もなかみもまさにわずかな差でしかなく、この限りでどこに時枝の独創性があると言えるか、心理領域を言語現象の領域に一歩狭めたとはたしかに言えるにせよ、やはり「言語とは何か」を過不足なく言い当ててはいないように思われる。

四　〈詞〉と〈辞〉——主体的な構造形式の相違

みぎの限りでは〝言語過程説〟が真に独創的であるかについて、検討の余地があるということになる。けれども、時枝の論じるところ、言語過程が〈詞〉にあっては概念過程を含むのに対し、〈辞〉にあっては概念を欠く、というように文法化され出すにおよび、〝言語過程説〟の真価が試される。ソシュールの言う〈聴覚映像／概念〉の聯合から見ると、〈辞〉の部位で時枝はそこからいわば〈概念〉を取り去るという、なかなか考えつきにくい視野に踏み込んでゆく。

〈詞／辞〉の視野は、これら自体もまた、けっして時枝が言い出したわけでなくて、ほかでもなく『国語学史』の記述が挙げて跡づけてきた当のあいてであった。意味語（＝〈詞〉。品詞でいえば名詞や動詞、形容詞など）と機能語（＝〈辞〉、助動詞や助詞〈時枝によれば感動詞も〉といった観念語）とが、発現する場所を異にするといった、単語を〈詞／辞〉に二分する視野は、たしかに膠着語的な日本語から良好に観察できる、特質的な性格だと見て取ることができる。

そこを見定めたうえで、前者が概念過程を持つ表現であるのに対し、後者は概念過程をへずに表現に到ると、明瞭に説いたのはたしかに時枝の功績だが、日本語の特質なるものをあまり強調するならば、欧米的な言語観に対し対立する言語観の独自さにばかり目がゆくことになってしまい、世界的な言語活動の一環として日本語なら日本語もまたあるのだという、普遍性の要素を顧みることは疎かになる。

時枝はけっして偏狭な日本語主義者でなかったと強調しよう。昭和初年代という、東洋社会からの文化の発信が叫ばれる時代であり（湯川秀樹の中間子理論、柳田国男の民俗学などを思い浮かべたい）、時枝にしても日本語から言語学が立ち上げられると、意欲をかき立てられたことだろう。だから対決的な叙述をとる一面はあるにせよ、いわゆるよく知られるソシュール学との対立という在り方を見せつけても、欧米的な学からの影響ということでもあって、そのような影響はソシュールからのそれにとどまらないので、心理学や西欧〈現象学〉の動向を視野にいれずして時枝の学の深化はなかった[5]。近代的な学の在り方として当然のことだったろう。

これらの〈詞〉と〈辞〉とを考察したすえに、時枝は両者で言語過程の相違があるとした。〈詞〉の過程的構造形式が、

起点　　　具体的事物あるいは表象
第一次過程　概　念
第二次過程　聴覚映像
第三次過程　音　声

であるのに対し、〈辞〉の過程的構造形式は、

起点　　　言語主体に属する判断、情緒、欲求など
第二次過程　聴覚映像
第三次過程　音　声

だという。これらを主体的な構造形式の相違として捉える。真に氏の〝言語過程説〟と

いわれる学説の骨格は、これ以降、文法学説として、豊かな出発点と広がりとが用意されることになる。

それらの〈詞／辞〉のそれぞれ、〈詞〉と〈辞〉とが別々の言語過程を持つというところに、いわば時枝の苦心と主張とを見いだす。

五　〈詞／辞〉と『国語学史』

〈詞／辞〉は『国語学史』の追うところであるから、ここでも見通しておこう。主に〈辞〉と称する「てにをは」（つまり助動詞や助詞）の研究について見ると、『万葉集』そのものに見る先駆的な「辞」という語の使用法（本書一〇〇頁、二二二頁に時枝はふれる）以後、中世の歌学や連歌研究においてずっとつづき（唐土の「置字」ともされる——『手爾葉《てには》大概抄』）、近世中〜後期には文法学の大発達とともに次第に定着していった。時枝が〈辞〉と言い、観念語と名づけるのは、助詞、助動詞および感動詞などをさしており、感動詞がはいってくることになるけれども、そういう考え方もまた近世からあって（鈴木朖《あきら》『言語四種論』にはアア、アハレ、アハヤ、ヤ、ヤヨなどを「てにをは」とする）、それらを概念過程をぬきにした直接的な表現だとする感じ方は、日本語常習者の直観として納得できるものがあろう。

しばらく〈辞〉を追ってみると、『詞玉緒《ことばのたまのお》』(本居宣長《もとおりのりなが》)には〈結び辞、切るる辞、あるいは辞《コトバ》〉という語を散見する。しかし語形(=語尾)変化を中心にして呼応の関係を調べることが宣長の眼目であるから、時枝のいうような観念語をさすとは限らない。それでも品詞というよりはそれらを機能と見なしたことは注意されよう。

富《と》樫《がし》広蔭《ひろかげ》の『詞玉橋《ことばのたまはし》』が言(コト、名詞に相当)、詞(コトバ、動詞、形容詞)と、辞(テニヲハ、動辞と静辞と)に分けたのは、動辞が助動詞で、静辞が助詞をあらわす。辞をもってテニヲハに限定する術語らしさは『言霊のしるべ』(黒沢《くろさわ》翁満《おきなまろ》)に到って「辞《テニヲハ》」としつこくルビがほどこされるさまによくあらわれていよう。

近代だと三矢《みつや》重松《しげまつ》『高等日本文法』[6]は「詞辞」と称する一篇を立てて、独立詞(体言、用言)と附属辞とに分ける。そういう術語化を根拠にして、橋本進吉『国語法要説』[7]が、詞(=自ら文節を構成しうるもの)と辞(=第一の語にともなって文節を構成しうるもの)とに二分したことを受けて、時枝も自説にとりいれていったのかと考えられる(『国語学原論』岩波文庫版、上巻二五九頁)。〈詞〉と〈辞〉とをまた概念語と観念語とに分類したのは、山田孝雄『日本文法論』(8)の観念詞（あるいは観念語）と関係語（「てにをは」＝助詞）との区別を視野にいれた試みにも見いだせよう。〈詞〉と〈辞〉との二分に基礎を置く近代の研究者はそのように時枝以前に少なくなかった。

六　〝主体的表現〟としての「てにをは」

術語としての成立もさることながら、「ことば」（詞）と「てにをは」（辞）との本性に基づく決定的な相違がどのようにあるのかが焦点となる。その観念語と称し、あるいは〈辞〉というところの本性を、『国語学史』では「詞に対する総括機能」（本書一七八頁）とし、また『国語学原論』では「客体界に対する主体的なものを表現するもの」（岩波文庫版、上巻二六〇頁）、「主体的なものの直接的表現」（同二六三頁）とする。一口に主体的表現とこれを称してもよかろう。「てにをは」は、〈詞〉（名詞、動詞、形容詞など）を客体的表現とすると、主体的表現に位置づけられて、『国語学史』のなかで中世以来の「てにをは」をへて、宣長らの歌文研究のなかから導き出されてくる。

早く『手爾葉大概抄』にある、〈詞は「寺社」で手爾葉（テニヲハのこと）は寺社の「荘厳」〈＝かざり〉だ〉という比喩は時枝の強調するところ（本書九四頁）。

『詞玉緒』巻七に「歌にまれ、詞にまれ、この『てにをは』のととのはざるは、たとへばつたなき手して縫ひたらん衣のごとし」（『本居宣長全集』五）とあるのをもって、時枝は〈詞〉が布の衣であり、「てにをは」は縫う技術であるとするのなどはそれで（本書一七五～一七六頁、この「詞」は「歌」に対して散文の意味）、そうすると「てにをは」は品詞でないことになり、機能あるいは技術であって、あるいは法則としてあって、ここに主体的表現であるとの説の根拠が与えられることになろう。

鈴木朖『言語四種論』「テニヲハノ事」は、

テニヲハヽ、モロコシニテハ語声、又語辞、又助辞、又発語辞、又語の余声ナド云《いふ》類ヒニ惣《す》ベテ当レリ。……心ノ声、……（『国語学大系』一）

と、漢文の助字のたぐいに比せられるとする。三種の詞（体の詞、形状の詞、作用の詞）が、さす所あり、物事をさし顕して詞となり、詞は玉の如く、器物の如く、「てにをは」ならでは働かないのに対し、「てにをは」は、さす所がなく、心の声であり、（玉に対して）

緒の如く、器物を動かす手の如く、詞ならではつく所なし、というのは、詞と「てにをは」との区別をいうとともに、「てにをは」を強調する主張としてある(「テニヲハ、詞ノ骨髄精神ニテ、言語ノ大宗也」など)。

富士谷成章《ふじたになりあきら》(『あゆひ抄』など)が「名《な》」「挿頭《かざし》」「装《よそひ》」「脚結《あゆひ》」という品目に分けたのは、漢文の助字を源流とする分類だと時枝は推定する(本書一八三頁)。そうすると、宣長とは正面からぶつかりそうな品詞意識だということになる。宣長と成章との両学派を統一する人として『活語断続譜』にみる鈴木朖の業績があり(同一九二頁)、さらに本居春庭《はるにわ》については活用研究でそれらを継承すると位置づけられる(同一九八頁)。

七　話者の言葉ということ――主体／場面／素材

この主体的表現への注目にこそ時枝学説の生きられる根拠があるとともに、主観主義や観念主義であるかのようにもとりなされて批判がやや安易に飛び交うところのものであり、それらの批判に対し時枝その人が応接を余儀なくされる一面もあった。『国語学原論』を視野にいれながらいささかの検討を辿り加えてみよう。

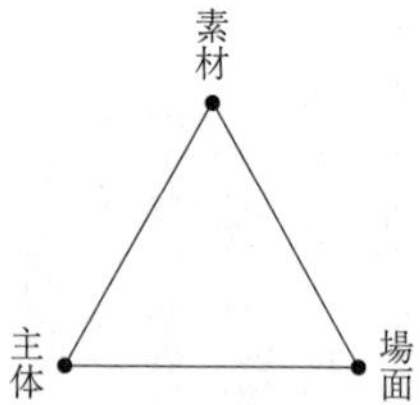

「主体」とは『国語学原論』での用語であって、言語の存在条件として、〈主体、場面、素材〉の三角形をなす（上図）。これらも時枝のすぐれた着想ながら、一般には理解されがたさが伴っていた。『国語学史』のなかにあっては、なかなかそれに対応する過去の知見を見いだすことができない。あえて言うならば〝国語学者〟というような存在が、観察的立場に立つまえに主体的な経験者であることを論じて、言語行為者としての役割の一翼を負わされているところがそれに該当する（本書四五頁）。「対象それ自身の持つ主体的価値を無視しない」（同二三頁）とは国語学者の観察的立場が主体的立場を前提とすることを言うのだろう。「研究の主体は必ず我であり、我によって国語とその理論は発見され建設されて行かなければならない」（同三五頁）とあるのもそのことを言う。[9]

『国語学原論』では主体とは話し手、行為者のことをいう（岩波文庫版、上巻五八頁）。時枝学説の根幹として、何の疑問もないと思えるものの、念をおすように言っておけば、観察的には「話し手」ということになるけれども、話（ディスクール）があるとすると、それを話す当の話者、言語の主体的意識の担い手のことをさす。そのような言語行為の担い手であるから、『国語学史』においては話し手の問題一般、話すことというかたちでとりたてられることがない。

ではどのようにとりあげるかというと、「てにをは」の本性をそれを担うものと断ずるところがまさにそれで、「文を統一体たらしめる重要な機能」(本書一七六頁)、「国語における文、すなわち思想表現の統一性」(同一七八頁)、そして「総括機能」(同)とあるのがその説明としてある。

私は読んだ。

という際の、〈「私」というのは、主体そのものでなくして、主体の客体化され、素材化されたものであって、主体自らの表現ではない。〉(『国語学原論』岩波文庫版、上巻五九頁)と。

『国語学史』が参照を求めている論文「心的過程としての言語本質観」(10)で見ると、

あゝ恐ろしかった。

の「あゝ」は過去の事件の際の恐怖でなく、いまにおける恐怖の感情を表出する。追想により再生された表象によって、いま恐怖する。「恐ろしい」は過去における感情を叙述している。

彼は行かむ。

の「む」のあらわす内容は、この文の話者の心理に関することであって、この文の主語である「彼」の推量ではない。たとい彼が推量していても「む」はそれをあらわすことができない。

彼は行かず。

の「ず」もまた、彼において否定の意志があるかどうかを示すことはできない。話者が彼について否定しているに過ぎない。

花咲かむ。

というのは話者によって発せられた言説であって、時枝は、宣長や鈴木朖にならい、背後に「花咲かむ」という思想感情を持つ話者がいて、その話者が「花咲かむ」という思想感情を「む」という語で表現する、というように考えて「む」を品詞化し、それをもって辞であると認定する。

八　〈入れ子〉型構造

私の中学生時代の国語の時間にごく簡単に、高校生になると文法の時間に、先生たちが時間を割いて、とは学校文法を教えたあとに、別個に時枝文法を取り上げたから、いまから思うと隔世の感がある。昭和三十年代前半である。大いに興味を懐かされた私は、母が以前に高校の教壇に立っていた関係で、「時枝文法とは何だろうか」と訊いてみると、「読んでみるかい」と言って教師用指導書らしき一冊を貸してくれた。〈入れ子〉(＝入子《いれこ》)とか、零記《れいき》号《ごう》とか、形容動詞無用論、敬語の構造など、きらきらしい用語や内容が並んでいたように思う。いま手元にないので、『国語学原論』で見ると、

「山は雪」か。
「外は雨」らしい。
「犬走る」▨。

というような図式で、▨が零記号である。学校文法では、

「山は」―「雪か」
「外は」―「雨らしい」
「犬」―「走る」

と一般に〈文節〉化する教授法のところ、時枝文法では〈詞〉と〈辞〉とに分けて、「山」や

「外」や「走る」を〈詞〉とし、「山は雪」「外は雨」「犬走る」というブロックをも〈詞〉のように扱って、「か」「らしい」そしてそのそとがわに「▨」を設けて、これらは〈辞〉なのだと、そんな説明ではなかったかと思う。

「我読ま」む。

で言うと、従来の文節的理解ならば、〈「我」―「読まむ」〉は「我」が主格とか主語とか言うので終わる。「彼が」―「読む」と言ったって、「我は」―「読まず」と言ったって、文節的に〈主語〉があって〈述語〉があってという理解でよく、「が」と「は」との区別はなくなり、また「読まむ」「読まず」とだけあれば〈主語の省略〉とか、日本語は述語が優先する言語だとか、そんな説明で済まされる。

時枝によれば「我」が主格であることはよいとして、主体は〈「読ま」む〉を支える話し手にあり、「む」こそがその主体的表現にほかならない。「彼読まず」について言えば、〈「彼読ま」―「ず」〉の「彼読ま」は客体的表現であり、「ず」と判断しているいまの主体〈会話ならば普通には〈私、わたし、おれ〉、物語ならば〈われ、かれ、あなた、象さん、お花〉なんでも〉が文体を支える。判断の「ず」は語る現在に属する。

零記号については、「降る」「寒い」という、判断する陳述があるとすると、（イ）陳述

がこれらの語に累加していると考えるよりも、あるいはまた（ロ）これらの語が本来陳述作用を同時的にあらわすと考えるよりも、

「降る」▨。

「寒い」▨。

というように、（ハ）零記号の陳述▨が「降る」「寒い」という語を包んでいると考えるのが妥当だという（『国語学原論』岩波文庫版、上巻二七三頁）。

同様に、形容詞連用形の「――く」は、〜と、〜に、のごとき副詞的な「てにをは」と同一機能を持つ。その他、連用形中止法の用言や、俳句などの切れるところに置かれるいわゆる体言止めにしても、「てにをは」が現実にないだけのことで、あるのと同じことになる。かくて、機能的にいうと「てにをは」があればよし、なければ〝零〟として体言や用言の背後にはりついていることになる。

九　時枝の言う「社会性」

時枝のじつに一貫している〝言語の社会的機能〟についての考え方を引用しておく。

言語行為は、人間の社会生活の重要な手段として、人間の社会生活と、その発生を斉《ひと》しくしていたものであろう。従って、言語において、社会性ということを云う時、国家、市町村、家族、会社というような、社会学で好んで問題にするような社会集団と言語との交渉連関を問題にすることは、当を得たことではない。言語における社会性は、もっと基本的な人間関係において、これを見る必要がある。(『国語学原論 続篇』岩波文庫版、二一〇頁)

「人間の社会生活」とは、社会的集団との繋がりを持つまえに、対人関係を構成し、それによって集団を持つ、ということだろう。時枝の考え方が徹底して個人主義といわれる通りで、考え進める順序ははっきりしている。まず対人関係という個人の言語的営為があり、それをもって集団に参加する、という考え方である。ここには社会学への批判が籠っているということも見ぬいておきたい。

論者が小は家庭や地域社会から、大は国家や国家間の関係に至るまで、扱いたいと思った途端に万能に働く社会学とはいったい何ものか。というより、万能に働かせたいならば、「社会学とは何か」という根源的な問いじたいに行きつく必要がある。社会学には有効な働きだけがあって、社会学の問いを不可能にするというような、ジレンマがあるのではないか。とは、言語社会学ないし社会言語学にあっても、言語に対する根源的な考察は行われないのではないか、という危惧がどうしても纏綿《てんめん》する。

ソシュールの言語学はデュルケーム（一八五八―一九一七）の社会学説の「社会的事実」[11]によって導かれた、というように見られている。事実はソシュールの天才が社会学説を先験的に獲得し、あるいは咀嚼していたということだろうが、集団意識が個人のそとがわにあり、社会的事実は集団表象としてあるというように、デュルケームもソシュールもともに考えていた。要するに、二十世紀初頭という、時代の命ずる思考はそのような性質のものであった。

時枝は次世代という遅れた場所から、小林英夫『言語学方法論考』[12]を通して（特にドロシェフスキー論文から）デュルケームとソシュールとの関係に分けいった。社会学的思考を受けいれるというよりは、反発し、批判的なスタンスへ導かれていったのだと思われる。

どちらに軍配を挙げるかということは容易でないにしろ、社会と個人とが半分ずつ言語活動を分け合うのでなければ、社会もなければ個人もない、と端的に言ってよいように思われる。社会で分有されていることが個人にも分有されているからこそ、社会が個人を生存させるとともに、個人と個人とがわかり合える言語的社会が成立する。時枝が食い下がった思いのさきに、私としては(言語)社会学の臨界でこれからの言語活動が模索されるのだと思いたい。われわれが言(parole)のただなかにあるとは社会的にそうだということに尽きる。

一つ述べておくべきことがあるとすれば、時枝には朝鮮における植民地政策の一環を言語の面から担ったという(社会的)責任があるのではないかという課題がのこる。時枝は小林英夫とともに京城帝国大学にあった。言語学上、〝言語過程説〟を文法化するに際し、京城帝国大学にありながら『源氏物語』以下の〝日本〟古典に没頭する時枝であり、その一方で日本語が朝鮮語の生存を抹殺しつつあることについて直面しなかったかのように批判する著述もある。(13) 本解説のモチーフで言えば、〝言語過程説〟成立史上のある種の争点が『国語学史』の頁に書き込まれているということかもしれない。

十　原子的な単位と近代的文法学

〈辞〉（主体的表現、助動辞／助辞、非自立語、機能語）が〈詞〉（客体的表現、自立語、概念語）を包むとは、日本古来語の考え方だったとして、鈴木朖の考察や、時枝が再発見し、構築する〈伝統文法〉で、松下大三郎、[14]三矢重松、橋本進吉ほか多くが、時枝以前にこの考え方や術語に拠っている。

山田孝雄『日本文法論』は前述したように、〈詞〉を観念語（あるいは観念詞）としたうえで、助動詞は動詞の接尾語に委ね、「てにをは」を関係語として独立させる。〈辞〉に対するある種の配慮となっていよう。

時枝は一九三〇年代という時代的雰囲気のなかで、二十世紀言語学そして社会学を、同僚の小林英夫から教えられるなどし、また心理学から学ぶ。言語の本質を個人の心的過程に求めて言語社会学を〝批判〟していった。その批判先には原子的な単位を言語に求める（と時枝が理解する）ソシュールがいた。

ソシュールは言語が二面性を有しているためにとらえがたいとし、[15]よって言語活動

langage、言語 langue、言 parole のうち、言語(ラング)に言語学の対象を定める。ソシュールの言語(ラング)はたしかに原子的な単位に類推できる。アヴォガドロは早く元素 element、原子、分子の三つの概念を区別した。分子説から量子論的な世界へ展開し、単位的世界が確実視されるなかで、言語(ラング)もまた「実証」されてゆく実感が如実にあったのではないか。

原子 atom(原子核+電子)が集まり(化学結合して)分子 molecule を構成する。アヴォガドロの法則によれば、分子なるものが存在し、同一条件のすべての種類の気体に同じ数の分子が含まれる。十九世紀後半になり、分子説が進展し、アインシュタインによって実験的にその実在性が確実となったのは二十世紀初頭に属する(ブラウン運動の研究)。プランクの量子化(物理量が整数倍になる)の概念を用いて、かれが光量子仮説を発表するのは一九〇五年、量子力学の始まりだ。

atom(「それ以上は分割できない」の意)といわれる原子が、実際には多数の粒子的存在からなり、分裂(崩壊)あるいは融合して、多量のエネルギーを放出することは、今日、よく知られるところであるけれども、そうした知識がまだ初期段階にある、あるいは劇的に研究が進展しつつある二十世紀初頭のただなかで、ソシュールは言語的単位としての言語(ラング)を構想しようとしていたというに尽きる。

湯川秀樹の中間子理論の予言は一九三四年といわれる。時枝はある観点から言ってよければ、湯川の中間子理論の時代を迎え(16)、単位の考え方の変更や核の生成/離合過程の構造に対し、無関心でいられなかったはずだとぜひ想像する。ソシュールの言語学がいかに古典力学の限界で類推された産物であったか、もどかしく反論を試みたい時枝だったろう。

それからほぼ一世紀が経つ。時代を領導してよいはずだった原子物理学は、核分裂を、そして核融合を、仮説や実験どころか、現実に所有し、人類の歴史へ悪魔的に応用するまでに至る。過酷な事故をも経験する。言語学がそれらのことと無縁なのか、さらなる行方を見定められない現代にある。

おわりに

時枝は心的過程論に基づく言語過程説を展開する。その図示に見ると、見てきたようにソシュールの描くそれと類似的ではないか。時枝は弱点と非難されてきた「言語の社会性」について、『国語学原論 続篇』で再論するものの、言語の社会的発生が個人的発生に対して優先、あるいは対等されるようにはない。逆に言えば、心的過程から一元的に構築される言語過程説は時枝のなかで牢固としてゆらがない。それだけ、二十世紀日本諸学に燦然と光る学説だった。

三浦つとむ[17]や吉本隆明[18]らの言語論といわれる一連の試みに、時枝が引用されてきたことはよく知られる。吉本の〈詞辞連続説〉というような時枝学説の受け取り方に対して、晩年の時枝その人が鋭く批判して〈詞辞非連続説〉で対抗していたことは[19]、学者としての非妥協的な在り方の基本を見せつけた。

時枝は〈辞〉のうち、「助動詞」と「助詞」について用語を動かさなかったが、それらを〈辞〉だというならば〈助動辞／助辞〉と言い換えるのがいま至当だろう[20]。〈詞〉が名詞・動詞・形容詞などであるのに対してである。欧米言語学への応用を考えるうえでは、(英語教育で言えば文法用語として)do must could なども(助動詞でなく)助動辞でよく、on at with などは前置辞というのがよいと思われる。

〈詞〉が意味を多様に豊饒に持つのに対して、〈辞〉はいかにも貧しいというか、「けり」なら「けり」しかなく、「む」なら「む」しかなく、「に」なら「に」しかなく、「ぞ」

なら「ぞ」しかない。これは do must could なり、on at with なりが、それらしかなく、may を can に置き換えられず、in を under に置き換えられないこととおなじだ。つまり機能語である在り方を如実に主張する。機能語には〈意味がない〉とおさえたい。だから時枝が時に「助動詞の意味」とか「助詞の意味」とか言って、意味語との紛らわしい混雑を示す叙述には批判を向けたい。機能に名をつけて「完了」と言ったり「対象をあらわす」と言ったり、あるいは意味作用と称したりすることは許容の範囲内だとしても。

『国語学史』で避けられないこととしては、長らく日本語の考え方を縛ってきた音通や延引、音義説と、それのいわば思想化としての〈ことたま（言霊）〉説であり[21]、古代や中世への文化論も、国学者たちのさまざまな探求の物語も、言語観を応用するおもしろい読み物としての意義がいろいろ詰まっている。

注

（1）一九二四年（大正十三）十二月脱稿。

（2）　ソシュール著／小林英夫訳『（ソシュール）言語学原論』（一九二八年〈昭和三〉《旧版》、岡書院、一九四〇年〈昭和十五〉《改版本》、岩波書店。のちに『（ソシュール）一般言語学講義』一九七二年〈昭和四十七〉、同。小林には『言語学通論』（一九三七年、三省堂）がある。

（3）　言語現象は対立的二面性を帯びる。『（ソシュール）言語学原論』の冒頭部にふれられるほか、バンヴェニスト「ソシュール没後半世紀」（『一般言語学の諸問題』一九八三年、みすず書房、四五頁）の二面性の一覧に、「客体的表現／主体的表現」のそれを見ないけれども、何を話題としているかの位相を変更してゆくならば、言語（ラング）／言（パロール）の二面性、さらには所記（シニフィエ、意味される）／能記（シニフィアン、意味する）の二面性に到達する。ソシュールにしろ、時枝にしろ、ディスクール（言説、話）自体の二面性であることにおいてもともと変わらなかった。能記／所記について、時枝は能記と所記とのあいだに過程的構造をみる、つまり聴覚映像と概念とが聯合する〝こと〟自体に言語の本質をみる。ソシュールもまた、パロールを〝循行〟あるいは〝心的聯合〟であるとし（『（ソシュール）言語学原論』《改版本》二二～二三頁）、「物と名とを連結するのではない」と明言して、ほかならぬ時枝そのひとが引くように、「言語記号は二面を有する心的実在体」「この二つの要素はかたく相連結し、相呼応する」（ソシュール前掲書九〇～九一頁、時枝『国語学原論』岩波文庫版、上巻八三頁）と言うから、けっして〝物としての言語〟論者ではない。現行制度／過去の所産というのも二面性である。

（4）ピエール・ポール・ブローカの脳機能局在論。
（5）佐久間鼎《かなえ》（一八八八―一九七〇）の導入したゲシュタルト心理学や山内得立《とくりゅう》の現象学（『現象学叙説』（一九二九年、岩波書店））は時枝言語学の成立上、時枝に大きなヒントを与えたと思われる。
（6）一九〇八年（明治四十一）、明治書院。
（7）一九三四年（昭和九）、岩波書店。
（8）一九〇八年（明治四十一）、宝文館、など。
（9）なお「主体」という語を〝中心〟という意味で漠然と使用する――「漢文を主体とした名称」本書一〇二ページ）というような――言い方が数箇所あるのはここで無視しうる。
（10）時枝「心的過程としての言語本質観」（一九三七年（昭和十二））、『言語本質論』（岩波書店、一九七三年（昭和四十八））所収。
（11）『国語学原論』に松本潤一郎、田辺寿利らデュルケーム学者の名を見る。
（12）小林『言語学方法論考』（一九三五年、三省堂）所収のドロシェフスキー「社会学と言語学」（一九三三年）。
（13）安田敏朗『植民地のなかの「国語学」――時枝誠記と京城帝国大学をめぐって』（一九九七年、三元社）など。
（14）松下文法には時枝と異なるにしろ、詞と原辞とを分ける興味深い視野が見られる（『標準日本文法』一九三〇年、いま『改撰 標準日本文法』〔勉誠社〕で読むことができる)。
(15) 個人的と社会的、共時と通時、など。注(3)参照。
(16) 昭和前代の湯川は毎年のように概説書を出して中間子理論の進展してゆくさまを垣間見させていた。
(17) 三浦つとむにおける『日本語はどういう言語か』(一九五六年、講談社)の時枝学説の取りいれは、言語の主体的表現の側面をメディアや漫画での表現一般で説明してみせてわかりやすかった一方に、言語過程をそのように画像表現と同一視し一般化したことにおいて大きな疑問をのこす。
(18) 吉本(『言語にとって美とはなにか』一九六五年、勁草書房)が〝詞と辞とが連続する〟という、〈辞〉を〈詞〉からのグラデーションで再解釈しようとしたことは、時枝への根本的な誤読だったのではなかろうか。
(19) 「詞辞論の立場から見た吉本理論」『日本文学』(一九六六年八月号)。
(20) 時枝によれば「感動詞」および「接続詞」も〈辞〉である。「接続詞」は措くとして、「感動詞」はもし〈辞〉ならば感動辞と称するのがよい。
(21) 言霊信仰といわれること自体、奈良時代の文献にみると伝説の〝引用〟としてのみあって、けっして実体的にそれが信じられていたわけではない。

【藤井による参考文献】

「国語学史的成立」(『国文学の誕生』二〇〇〇年、三元社)、『日本語と時間』(二〇一〇年、岩波新書)、『文法的詩学その動態』(二〇一五年、笠間書院)、『日本文法体系』(二〇一六年、ちくま新書)。

岩波文庫の最新刊

江戸川乱歩
少年探偵団・超人ニコラ

怪人二十面相と明智探偵、少年探偵団の活躍する少年向けシリーズの代表作。黒い魔物の挑戦に明智探偵のなすすべはあるのか。(解説＝小中千昭、解題＝吉田司雄)
〔緑一八一-三〕 本体九五〇円

J・L・ボルヘス／木村榮一訳
語るボルヘス
—書物・不死性・時間ほか—

「書物」「不死性」「エマヌエル・スヴェーデンボリ」「探偵小説」「時間」——。一九七八年六月、ブエノスアイレスの大学で行われた連続講演の記録。
〔赤七九二-九〕 本体五八〇円

ディケンズ／佐々木徹訳
荒涼館(三)

生死の淵から帰還したエスターを待ち構える衝撃の数々。鏡に映る姿、「母」の告白、そして求婚。一九世紀イギリスの全体を描くディケンズの代表作。(全四冊)
〔赤二二九-一三〕 本体一一四〇円

時枝誠記
国語学史

日本語とはいかなる言語か？ 平安〜明治期の文人や国学者の探究を跡づけ日本語の本質に迫らんとする、高らかな宣言とその豊饒なる成果。(解説＝藤井貞和)
〔青N一一〇-四〕 本体九〇〇円

……今月の重版再開……

ディケンズ／伊藤弘之・下笠徳次・隈元貞広訳
イタリアのおもかげ
本体一〇四〇円
〔赤二二九-八〕

三木竹二／渡辺保編
観劇偶評
本体一〇六〇円
〔緑一七三-一〕

ド・クインシー／野島秀勝訳
阿片常用者の告白
本体七二〇円
〔赤二六七-一〕

穂積陳重
復讐と法律
本体九七〇円
〔青一四七-三〕

定価は表示価格に消費税が加算されます　　2017.10.

岩波文庫の最新刊

大岡信
うたげと孤心
古典詩歌の名作の具体的な検討を通して、わが国の文芸の独自性を問い、日本的美意識の構造をみごとに捉えた名著。大岡信の評論の代表作。（解説＝三浦雅士）
〔緑二〇二-二〕 本体九一〇円

江戸川乱歩
怪人二十面相・青銅の魔人
怪人二十面相と明智小五郎、少年探偵団の活躍する少年文学の古典。戦前戦後の第一作を併せて収録。（解説＝佐野史郎、解題＝吉田司雄）
〔緑一八一-二〕 本体九一〇円

柳田国男
都市と農村
農政官として出発した柳田は、農村の疲弊を都市との関係でとらえた。農民による協同組合運営の提言など、いまなお示唆に富む一書。（解説＝赤坂憲雄）
〔青一三八-一二〕 本体八四〇円

アントワーヌ・メイエ／西山教行訳
ヨーロッパの言語
先史時代から第一次世界大戦後までを射程に収め、言語の統一と分化に関わる要因を文明、社会、歴史との緊密な関係において考察した、社会言語学の先駆的著作。
〔青六九九-一〕 本体一三二〇円

……今月の重版再開……

大岡信編
窪田空穂歌集
〔緑一五五-三〕 本体九五〇円

石田英一郎
新版 河童駒引考
―比較民族学的研究
〔青一九三-一〕 本体九七〇円

高津春繁
比較言語学入門
〔青六七六-一〕 本体八四〇円

メンヒェン＝ヘルフェン／田中克彦訳
トゥバ紀行
〔青四七一-一〕 本体九〇〇円

定価は表示価格に消費税が加算されます

2017. 9.

哲学原理　デカルト　桂寿一訳
情念論　デカルト　谷川多佳子訳
パンセ　全三冊　パスカル　塩川徹也訳
知性改善論　スピノザ　畠中尚志訳
スピノザ エチカ (倫理学)　全二冊　畠中尚志訳
デカルトの哲学原理 附 形而上学的思想　スピノザ　畠中尚志訳
ノヴム・オルガヌム(新機関)　ベーコン　桂寿一訳
聖トマス 形而上学叙説 ―有と本質とに就いて　高桑純夫訳
君主の統治について ―謹んでキプロス王に捧げる　トマス・アクィナス　柴田平三郎訳
エミール　全三冊　ルソー　今野一雄訳
孤独な散歩者の夢想　ルソー　今野一雄訳
人間不平等起原論　ルソー　本田喜代治・平岡昇訳
ルソー 社会契約論　桑原武夫・前川貞次郎訳
演劇について ―ダランベールへの手紙　ルソー　今野一雄訳
言語起源論 ―旋律と音楽的模倣について　ルソー　増田真訳
ラモーの甥　ディドロ　本田喜代治・平岡昇訳
道徳形而上学原論　カント　篠田英雄訳

啓蒙とは何か 他四篇　カント　篠田英雄訳
純粋理性批判　全三冊　カント　篠田英雄訳
カント 実践理性批判　波多野精一・宮本和吉・篠田英雄訳
判断力批判　全二冊　カント　篠田英雄訳
永遠平和のために　カント　宇都宮芳明訳
プロレゴメナ　カント　篠田英雄訳
人間の使命　フィヒテ　宮崎洋三訳
学者の使命・学者の本質　フィヒテ　宮崎洋三訳
ヘーゲル 政治論文集　全二冊　金子武蔵訳
歴史哲学講義　全二冊　ヘーゲル　長谷川宏訳
ブルーノ　シェリング　服部英次郎・井上庄七訳
自殺について 他四篇　ショウペンハウエル　斎藤信治訳
読書について 他二篇　ショウペンハウエル　斎藤忍随訳
知性について 他四篇　ショーペンハウエル　細谷貞雄訳
キリスト教の本質　全二冊　フォイエルバッハ　船山信一訳
将来の哲学の根本命題 他二篇　フォイエルバッハ　松村一人・和田楽訳
不安の概念　キェルケゴール　斎藤信治訳

死に至る病　キェルケゴール　斎藤信治訳
シュヴェーグラー 西洋哲学史　全二冊　谷川徹三・松村一人訳
世界観の研究　ディルタイ　山本英一訳
体験と創作　全二冊　ディルタイ　柴田治三郎・小牧健夫訳
眠られぬ夜のために　全二冊　ヒルティ　草間平作・大和邦太郎訳
幸福論　全三冊　ヒルティ　草間平作・大和邦太郎訳
悲劇の誕生　ニーチェ　秋山英夫訳
ツァラトゥストラはこう言った　全二冊　ニーチェ　氷上英廣訳
道徳の系譜　ニーチェ　木場深定訳
善悪の彼岸　ニーチェ　木場深定訳
この人を見よ　ニーチェ　手塚富雄訳
プラグマティズム　W・ジェイムズ　桝田啓三郎訳
宗教的経験の諸相　全二冊　W・ジェイムズ　桝田啓三郎訳
純粋現象学及現象学的哲学考案　全二冊　フッセル　池上鎌三訳
デカルト的省察　フッサール　浜渦辰二訳
社会学の根本問題 ―個人と社会　ジンメル　清水幾太郎訳
笑い　ベルクソン　林達夫訳

《音楽・美術》〔青〕

ベートーヴェン 音楽ノート　小松雄一郎訳編
ベートーヴェンの生涯　ロマン・ロラン　片山敏彦訳
音楽と音楽家　シューマン　吉田秀和訳
モーツァルトの手紙 —その生涯のロマン 全二冊　柴田治三郎編訳
レオナルド・ダ・ヴィンチの手記 全二冊　杉浦明平訳
ゴッホの手紙 全三冊　硲伊之助訳
ワーグマン日本素描集　清水勲編
河鍋暁斎戯画集　山口静一　及川茂編
うるしの話　松田権六
ドーミエ諷刺画の世界　喜安朗編
河鍋暁斎　ジョサイア・コンドル　山口静一訳
伽藍が白かったとき　ル・コルビュジエ　生田勉　樋口清訳
デューラー 自伝と書簡　前川誠郎訳
蛇儀礼　ヴァールブルク　三島憲一訳
日本の近代美術　土方定一
迷宮としての世界 —マニエリスム美術 全二冊　グスタフ・ルネ・ホッケ　種村季弘　矢川澄子訳
日本洋画の曙光　平福百穂
江戸東京実見画録　長谷川渓石画　進士慶幹　花咲一男注解
映画とは何か 全二冊（既刊一冊）　アンドレ・バザン　野崎歓　大原宣久　谷本道昭訳
漫画 坊っちゃん　近藤浩一路
漫画 吾輩は猫である　近藤浩一路
胡麻と百合　ラスキン　石田憲次　照山正順訳

《哲学・教育・宗教》〔青〕

ソクラテスの弁明・クリトン　プラトン　久保勉訳
ゴルギアス　プラトン　加来彰俊訳
饗宴　プラトン　久保勉訳
テアイテトス　プラトン　田中美知太郎訳
パイドロス　プラトン　藤沢令夫訳
メノン　プラトン　藤沢令夫訳
国家 全二冊　プラトン　藤沢令夫訳
プロタゴラス —ソフィストたち　プラトン　藤沢令夫訳
法律 全二冊　プラトン　森進一　池田美恵　加来彰俊訳
パイドン —魂の不死について　プラトン　岩田靖夫訳
クセノフォーン ソークラテースの思い出　佐々木理訳
アナバシス —敵中横断六〇〇〇キロ　クセノポン　松平千秋訳
アリストテレス ニコマコス倫理学 全二冊　高田三郎訳
アリストテレス 形而上学 全二冊　出隆訳
アリストテレス 弁論術　戸塚七郎訳
アリストテレース 詩学　ホラーティウス 詩論　松本仁助　岡道男訳
物の本質について　ルクレーティウス　樋口勝彦訳
エピクロス —教説と手紙　出隆　岩崎允胤訳
生の短さについて 他二篇　セネカ　大西英文訳
怒りについて 他二篇　セネカ　兼利琢也訳
エピクテートス 人生談義 全二冊　鹿野治助訳
マルクス・アウレーリウス 自省録　神谷美恵子訳
老年について　キケロー　中務哲郎訳
友情について　キケロー　中務哲郎訳
平和の訴え　エラスムス　箕輪三郎訳
エラスムス＝トマス・モア往復書簡　沓掛良彦　高田康成訳
方法序説　デカルト　谷川多佳子訳

読書子に寄す

――岩波文庫発刊に際して――

岩波茂雄

真理は万人によって求められることを自ら欲し、芸術は万人によって愛されることを自ら望む。かつては民を愚昧ならしめるために学芸が最も狭き堂宇に閉鎖されたことがあった。今や知識と美とを特権階級の独占より奪い返すことはつねに進取的なる民衆の切実なる要求である。岩波文庫はこの要求に応じそれに励まされて生まれた。それは生命ある不朽の書を少数者の書斎と研究室とより解放して街頭にくまなく立たしめ民衆に伍せしめるであろう。近時大量生産予約出版の流行を見る。その広告宣伝の狂態はしばらくおくも、後代にのこすと誇称する全集がその編集に万全の用意をなしたるか。千古の典籍の翻訳企図に敬虔の態度を欠かざりしか。さらに分売を許さず読者を繫縛して数十冊を強うるがごとき、はたしてその揚言する学芸解放のゆえんなりや。吾人は天下の名士の声に和してこれを推挙するに躊躇するものである。このときにあたって、岩波書店は自己の責務のいよいよ重大なるを思い、従来の方針の徹底を期するため、すでに十数年以前より志して来た計画を慎重審議この際断然実行することにした。吾人は範をかのレクラム文庫にとり、古今東西にわたって文芸・哲学・社会科学・自然科学等種類のいかんを問わず、いやしくも万人の必読すべき真に古典的価値ある書をきわめて簡易なる形式において逐次刊行し、あらゆる人間に須要なる生活向上の資料、生活批判の原理を提供せんと欲する。この文庫は予約出版の方法を排したるがゆえに、読者は自己の欲する時に自己の欲する書物を各個に自由に選択することができる。携帯に便にして価格の低きを最主とするがゆえに、外観を顧みざるも内容に至っては厳選最も力を尽くし、従来の岩波出版物の特色をますます発揮せしめようとする。この計画たるや世間の一時の投機的なるものと異なり、永遠の事業として吾人は微力を傾倒し、あらゆる犠牲を忍んで今後永久に継続発展せしめ、もって文庫の使命を遺憾なく果たさしめることを期する。芸術を愛し知識を求むる士の自ら進んでこの挙に参加し、希望と忠言とを寄せられることは吾人の熱望するところである。その性質上経済的には最も困難多きこの事業にあえて当たらんとする吾人の志を諒として、その達成のため世の読書子とのうるわしき共同を期待する。

昭和二年七月

国語学史《こくごがくし》

2017年10月17日　第1刷発行

著　者　時枝誠記《ときえだもとき》

発行者　岡本　厚

発行所　株式会社　岩波書店
〒101-8002 東京都千代田区一ツ橋2-5-5
案内 03-5210-4000　営業部 03-5210-4111
文庫編集部 03-5210-4051
http://www.iwanami.co.jp/

印刷・精興社　製本・中永製本

ISBN 978-4-00-381504-5　Printed in Japan

索　引

お

か

き

く

そ

た

ち

つ

て

ほ

ま

み

む

め

も

や

ゆ

よ

ら

り